野菜たっぷり！いつもの食材で、新しいお弁当。

ケータリング気分の Box Food

田中美奈子

文化出版局

INTRODUCTION

雑誌の撮影現場やアパレルの展示会などに料理を届ける。それが、私の仕事です。モデルさんたちの食の好みを聞き、以前、オーダーしてくださったときとメニューがかぶらないように調整し、それでいて「おいしかった！」と好評だったものはちょっとアレンジして入れたりもします。緊張感ある仕事のなかの、ほっとひと息つけるランチタイムだからこそ、見た目にも楽しく、午後からの仕事にもやる気が出るものを。心がけるのは、味つけはできるだけさまざまに、色は明るく華やかに、それでいて、どこか安心できる味わいであること。

そんなごはんづくりは簡単ではありません。でも、みなさんが想像するほど、大変ではないのです。自慢のソース、旬の野菜で雰囲気を変えられるベーシックなメニュー、野菜を下ごしらえした自家製ストック。そんな小さな工夫に支えられているから、どんな大量のオーダーでも、楽しくこなしていくことができています。私がケータリングを続ける中で培った、料理やお弁当づくりを手軽においしく仕上げるテクニック。今まで誰にも教えることのなかった、とっておきのメニューと一緒にお伝えします。

CONTENTS

INTRODUCTION 05

ケータリングのテクニックで おいしく、おしゃれに、楽につくるための7ヶ条 08

BOX FOOD_1
豆腐ハンバーグと豆ごはんのヘルシー弁当 12
ししとうの素揚げ 結晶塩がけ
豆ごはん／豆腐チキンハンバーグ
マッシュポテト／甘酢煮卵／ごぼうの唐揚げ
アレンジレシピ・味変えレシピ・甘酢煮卵／ハンバーグソース

BOX FOOD_2
チヂミ入り！混ぜて味わうコリアン弁当 20
ビビンバ／豚ばらのピリ辛炒め
トマトと卵の炒めもの／ねぎチヂミ
アレンジレシピ・キンパ

BOX FOOD_3
定番唐揚げと変わりおひたしのしょうがごはん弁当 26
しょうがの炊き込みごはん／鶏の唐揚げ
アンチョビポテトサラダ／小松菜のおひたし
コーンたっぷりオムレツ／かぼちゃの塩麹煮
アレンジレシピ・かぼちゃの塩麹煮

BOX FOOD_4
チキンと野菜のドライカレー弁当 32
チキンと野菜のドライカレー／タンドリーチキン
きゅうりのディルヨーグルトサラダ
アボカドのごま和え／にんじんのクミンソテー
つくりおきで使える！・ベジ炒め

BOX FOOD_5
ぶり照りとだしごはんのしっとりおいしい和弁当 38
香味野菜のだしごはん／ぶりの照り焼き
にんじんしりしり／厚揚げといんげんの煮物
ブロッコリーのピカタ
味変えレシピ・のせごはん

BOX FOOD_6
きのこピラフとマーマレードチキンのカラフル弁当 44
きのこピラフ／チキンソテー　マーマレードソース
パセリとドライトマトのオムレツ
ポテトロースト／ミニトマトのピクルス
アレンジレシピ・和のふりかけテク

BOX FOOD_7
ハーブが香る、みんな大好きパスタ弁当 50
ツナと野菜のラグーパスタ／チキンミートローフ
トマトのハーブソテー
さつまいものサラダハニーマスタードオニオン
アボカドとえびのグラタン
味変えレシピ・ショートパスタ

BOX FOOD_8
食感いろいろ！おなかも満足グルテンフリー弁当 56
サーモンとハーブの混ぜごはん／アボカドオムレツ
きのこのバルサミコソテー
かぼちゃとナッツ&レーズンの白和え
キャベツのレモンクミンサラダ
厚揚げとなすのソテーしょうがだれ
アレンジレシピ・洋のふりかけテク

【同じ素材も飽きずにおいしく　素材別レシピ】

にんじん 62
フライドキャロット／にんじんソムタム／キャロットオレンジラペ
にんじんの炊き込みごはん／にんじんきんぴら

ポテト 64
じゃがいものオムレツ
さつまいもの大学いも風／じゃがいももち

玉ねぎ 65
玉ねぎとじゃこのかき揚げ
玉ねぎ丸ごとオーブン焼き／紫玉ねぎのピクルス

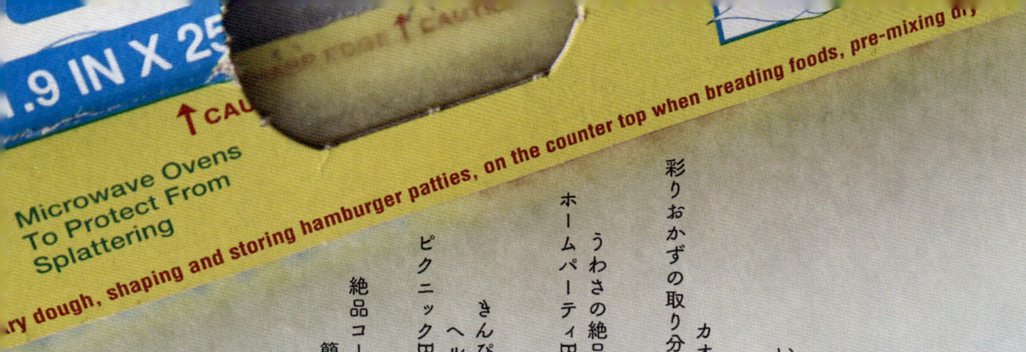

きのこ 66
きのこのレモンマリネ／きのこのホイル焼き
マッシュルームと生ハムのフリット

緑野菜 67
スナップエンドウの春菊ジェノベーゼ和え
グリーン野菜のソテー タプナードソース／コールスロー

豆類 68
ひよこ豆のスパイス炒め
豆とパセリのサラダ／大豆のファラフェル

乾物 69
ツナとディルのクスクスのサラダ
ヤムウンセン／干ししいたけの炊き込みごはん

鶏胸肉 70
ゆで鶏 ピーナツだれ／鶏肉のレモンバターソテー
チキンとパプリカのスパイス炒め

鶏もも肉 71
チキンジンジャー／チキンと野菜の甘酢あんかけ
鶏肉のハーブレモンマリネ

鶏ひき肉 72
じゃがいものそぼろ煮／れんこん入りつくね／コロッケ

鶏ささ身 73
ささ身ときゅうりの塩炒め
ささ身バンバンジー／ささ身のごま焼き

サーモン 74
サーモンのハーブ＆スパイス焼き／サーモンフライ
らっきょうタルタルソース／塩ざけの大根ガリのせ

いわし＆えび 75
ブロッコリーのアンチョビ炒め／
いわしのソテー／えびの香草パン粉焼き

BOX FOOD_9
カオマンガイと
彩りおかずの取り分けBOX弁当 76
カオマンガイ／厚揚げの肉みそ香菜のせ
さつまいものフライ サワークリーム
チリソース／にんじんソムタム

BOX FOOD_10
うわさの絶品スコーン＆
ホームパーティBOX FOOD 80
プレーンスコーン／とうもろこしの炊き込みごはん
チキンとパプリカのスパイス炒め
マッシュルームと生ハムのフリット
かぼちゃとベーコンのビネガーサラダ／コールスロー

BOX FOOD_11
きんぴらサンド＆
ヘルシーデリの
ピクニックBOX FOOD 84
きんぴらごぼうのサンドイッチ／サーモンのハーブ＆スパイス焼き
グリーン野菜のソテー タプナードソース
だしオムレツ 大根おろしのせ／大豆のファラフェル
キャロットオレンジラペ
チキンソテーとフレッシュマッシュルームのサラダ

絶品コーンミール＆
簡単ペースト 88
コーンミールブレッド
発酵バターにドライフルーツ＆ナッツ
コンビーフ＆クリームチーズ／フムス

美奈子さん愛用の道具たち 90

食材別INDEX 92

◎小さじ1は5ml、大さじ1は15mlを目安にしています。
◎電子レンジは600wのものを基準にしています。
◎食材は全て冷ましてからボックスに詰めています。
必要なデリや季節により保冷剤をつけてください。

ケータリングのテクニックで

おいしく、おしゃれに、楽につくるための7ヶ条

たくさんのおかずを、朝の限られた時間で一気に仕上げるケータリング。
意識の向け方ひとつで、お弁当はいっそうおいしく、より美しくなります。

TECHNIQUE 1

シンプルに手軽に

華やかなケータリングというと特別な素材とテクニックが必要と思われがち。でも、私の料理は実は手軽に手に入る素材ばかり。ページをめくっていただければわかるように、手順もシンプル！

TECHNIQUE 2

おかずを"色"で考える

赤、黄、緑、ときに白、紫。色を中心に献立を組むと、目にもおいしいお弁当に。白大根ではなく赤大根を、時に野菜はグリーンのワントーンでグラデーション……などひらめきを大切に。

TECHNIQUE 3

手づくり〝ソース〟が活躍

常備菜より応用がきくのがソース。こってり、さっぱり、野菜たっぷりなど、印象の違うものを用意。ソースは、ひとつのおかずを何通りにも楽しませてくれる、頼りになる存在です。また、「何かもの足りない」と感じたら、青ねぎやハーブ、ごまや黒こしょうなどプラス。レシピにないものでも、自分の直感を信じてどんどん足してみてください。

TECHNIQUE 4

ハーブは野菜です

ハーブは彩り担当ではありません。風味というより、食感、そして味そのものを味わう野菜の感覚でたっぷりと。それだけで、ありきたりのおかずも格段によそいきの顔になるのです。

TECHNIQUE 5

秘訣はわずかな〝ズレ〟

照り焼きの甘みをやや強く、玉ねぎをらっきょうにチェンジ。和食のきんぴらをサンドイッチにしたり、アボカドをごま和えにしたり。小さな〝ズレ〟を意識すると新鮮なおいしさに。

TECHNIQUE 6

〝おいしさの素〟をストック

余り野菜の〝ベジ炒め〟や、シンプルに煮ただけの〝かぼちゃの塩麹煮〟など、アレンジが効く〝素〟をたくさん知っておくと便利。一からつくると手間のかかるものも簡単につくれます。

TECHNIQUE 7

入れ替え自在に

おかずは入れ替え可能。どう組み合わせてもおしゃれに決まるよう考えました。食べたいものを自由につめ、さらに彩りのバランスがとれていれば、不思議と自分らしく、おいしいお弁当になります。

BOX FOOD_1

豆腐ハンバーグと豆ごはんのヘルシー弁当

MENU

1. ししとうの素揚げ 結晶塩がけ
2. 豆ごはん
3. 豆腐チキンハンバーグ
4. マッシュポテト
5. 甘酢煮卵
6. ごぼうの唐揚げ

「ヘルシーメニューでお願いします」。そんなリクエストのときに登場するのが、豆腐ハンバーグを主役にしたお弁当。春であれば、旬のグリンピースをたっぷり炊き込んだ豆ごはんと合わせます。ふわふわ軽い口当たりなのにしっかり満足感があるのは、アクセントで添えた生クリームベースのソースのおかげ。マッシュポテト、ししとうの素揚げ、ごぼうの唐揚げと、他のおかずもシンプルな味つけにしたのは、そのまま味わうのはもちろん、途中でこのソースをつけて味を変化させて楽しんでほしいから。ちなみに、ししとうにふった結晶塩は、塩味をつけるためでもあるけれど、そのシャリッとした食感を楽しむため。言ってみれば、調味料というよりは素材のひとつ、の感覚で使っています。

P.18 <······ / アレンジレシピ・甘酢煮卵 /
P.16 <······ / 味変えレシピ・ハンバーグソース /

RECIPE 2. of the BOX FOOD

豆ごはん

（ 材料 ）2〜3人分

グリーンピース（さやから出して）80g／米 2合／酒 大さじ1／塩 小さじ1

（ つくり方 ）

1. グリーンピースを軽く洗う。
2. 米を研いで炊飯器に入れ、2合の線まで水を注ぐ。酒、塩、1を入れてさっと混ぜて炊く。

RECIPE 3. of the BOX FOOD

豆腐チキンハンバーグ

（ 材料 ）8個分

A
木綿豆腐（水きりしたもの）1丁分（正味350g）
鶏ひき肉 200g／長ねぎのみじん切り 1本分
しょうがのすりおろし 1片分／
溶き卵 1個溶き分／パン粉 大さじ4
鶏がらスープの素（顆粒）小さじ1

サラダ油 大さじ1

マスタードソース：生クリームソース（P.16参照）大さじ6
フレンチマスタード 大さじ2

（ つくり方 ）

1. ボウルにAを入れ、粘りが出るまでよく混ぜる。
   8等分に分けて丸める。
2. フライパンにサラダ油を熱し、
   中火で1を両面焼いて中まで火を通し、取り出す。
3. 2のフライパンの汚れをペーパータオルでふき取り、
   ソースの材料を入れてとろみがつくまで弱火にかけて2にかける。

＊焼いたものを冷凍庫で3週間保存可能（ソースを除く）。

ししとうの素揚げ結晶塩がけ

（ 材料 ）2人分

ししとう 10本／結晶塩
（マルドンの塩など）、揚げ油 各適量

（ つくり方 ）

1. ししとうに竹串などで穴を数カ所あける。
2. 180℃の油で1を周りが
   白くなるまでさっと素揚げし、
   塩をふる。

RECIPE 1. of the BOX FOOD

RECIPE 6. of the BOX FOOD

ごぼうの唐揚げ

（ 材料 ）2人分

ごぼう 1本／片栗粉、揚げ油 各適量

A | しょうが、にんにくのすりおろし 各少々
しょうゆ、酒 各大さじ2

（ つくり方 ）

1. ごぼうは汚れを軽く洗い、
幅5mmの斜め薄切りにして水に10分ほどさらす。

2. Aをジッパーつきポリ袋に入れ、水気をきった1を加え、
全体に味がしみるように寝かせて30分ほどおく。

3. 2の汁気をきり、片栗粉をまぶして
180℃の油で3〜4分揚げる。

RECIPE 4. of the BOX FOOD

マッシュポテト

（ 材料 ）つくりやすい分量

じゃがいも 中4個／黒こしょう 少々

A | バター（食塩不使用）20g
生クリーム 100g／塩 小さじ1/4

（ つくり方 ）

1. じゃがいもは皮つきのまま丸ごと鍋に入れ、
たっぷりの水を注ぐ。中火にかけ、
やわらかくなるまでゆでる。

2. 1の湯を捨て、じゃがいもを熱いうちに皮をむいて鍋に戻す。
弱火にかけ、水分を飛ばしながらつぶす。
Aを加えて混ぜ、こしょうをふる。

*冷蔵庫で3日間保存可能。

RECIPE 5. of the BOX FOOD

甘酢煮卵

（ 材料 ）つくりやすい分量

ゆで卵 6個

A | しょうゆ 大さじ6／米酢 大さじ4
三温糖 大さじ2

（ つくり方 ）

1. Aを鍋に入れて火にかけ、砂糖を溶かす。
粗熱が取れたら、ポリ袋に入れる。

2. 殻をむいたゆで卵を1に30分ほど漬ける。

*冷蔵庫で3日間保存可能。

味変えレシピ

ハンバーグソース

ソースひとつで味わいも見ためも鮮やかに変わります。
トマト＋ジェノベーゼ、生クリーム＋トマトなど、
お互い混ぜるとさらにおいしいのも、うれしいポイント。

生クリームソース

（材料）つくりやすい分量

生クリーム 200㎖／白ワイン 大さじ2／コンソメ（顆粒） 小さじ1

（つくり方）

材料を鍋に入れて弱火にかけ、軽くとろみがつくまで温める。

＊冷蔵庫で3日間、冷凍庫で1カ月保存可能。

＊左写真はトマトソースを混ぜたもの

春菊ジェノベーゼ

（材料）つくりやすい分量

春菊の葉 1束分／松の実 20g／にんにく 1片／粉チーズ 大さじ4
塩 小さじ2〜3／オリーブオイル 100㎖

（つくり方）

材料をすべてミキサーに入れ、ペースト状にする。

＊冷蔵庫で1週間、冷凍庫で1カ月保存可能。

トマトソース

（材料）つくりやすい分量

カットトマト水煮缶 2缶（400g×2）／玉ねぎのみじん切り 1／2個分
セロリのみじん切り 1／2本分／にんにくのみじん切り 1片分
バジルの葉 2枚／塩 適量／オリーブオイル 大さじ1

（つくり方）

1. フライパンにオリーブオイルとにんにくを入れ、弱火にかける。香りがたったら玉ねぎとセロリを入れ、塩をふり、透き通るまで炒める。
2. 1にトマト、バジルを入れて半量になるまで弱火で煮込む。

＊冷蔵庫で1週間、冷凍庫で1カ月保存可能。

アレンジレシピ

甘酢煮卵

白×黄のコントラストが効いた卵は、いつでもかわいいアクセント。しっかり味をつけているから、そのままサンドイッチにしてもよし、ポテサラの味の要にしてもよし、おにぎりの具にもよしの活躍ぶり。

スパムおにぎり

（材料）2個分
スパム 5㎜スライス1枚／ごはん 120g／甘酢煮卵 1個／甘酢煮卵のスライス（飾り用）1枚

（つくり方）
1. スパムはフライパンでこんがりと焼いて半分に切る。煮卵は半分に切る。
2. 煮卵を具にして四角形のおにぎりをつくる。
3. ラップにスパムをおき、2をのせてラップごと形をととのえる。ラップをはずし、半分に切った飾り用煮卵をのせる。

煮卵五香粉サンドイッチ

（材料）2個分
甘酢煮卵 2個／五香粉《ウーシャンフェン》 少々／ピタパン 2個／マヨネーズ 小さじ2
グリーンカール 2枚／香菜 適量

（つくり方）
パンにマヨネーズを塗り、具材をサンドして五香粉をふる。

ポテトサラダ

（材料）つくりやすい分量
じゃがいも 4個／マヨネーズ 大さじ3／甘酢煮卵 2個

（つくり方）
1. じゃがいもは皮をむいてひと口大に切って鍋に入れ、たっぷりの水を注ぎ、塩ひとつまみ（分量外）を加えてやわらかくなるまでゆでる。ざるに上げてよく水気をきり、鍋に戻す。
2. 1の鍋を弱火にかけて水分を飛ばし、ボウルに移す。マヨネーズで和え、くし形切りにした煮卵を加えてさっと混ぜる。

*冷蔵庫で3日間保存可能。

BOX FOOD_2

チヂミ入り！ 混ぜて味わうコリアン弁当

MENU

1. ビビンバ
2. 豚ばらのピリ辛炒め
3. トマトと卵の炒めもの
4. ねぎチヂミ

「とにかく野菜が食べたい！」のオーダーに応えるときに登場する、ナムルたっぷりビビンバ。今回は、春菊、パプリカ、にんじんを選びましたが、たいていの野菜であればおいしくできるのが、ナムルのいいところ。菜の花や大根など、旬に出回る野菜でつくれば、同じレシピでも季節によって味わいが変化し、飽きることがありません。そんなやさしい野菜の味わいの中でアクセントになるのが、コチュジャンをきかせた豚のピリ辛炒め。さらに、ビビンパには目玉焼き……と思いきや、ここであえてトマト入りの卵の炒めものを。ふわふわの食感とトマトの酸味が軽やかな印象です。そこに、おまけ的存在のチヂミを投入。こういうちょっとした粉ものって、入っているとなんだかうれしくなるものです。

P.24 ←…… ／ アレンジレシピ・キンパ ／

RECIPE 1. of the BOX FOOD

ビビンバ

（ 材料 ）2人分

にんじんの千切り 1/2本分／春菊 1/2束／パプリカ（赤・黄）の細切り 各1/2個分
韓国のり（5×9cmサイズ）6枚／鶏がらスープの素（顆粒）小さじ1/4／塩、ごま油 各適量
ごはん 300g／コチュジャン 小さじ2／糸唐辛子、白いりごま 各適量

（ つくり方 ）

1. 春菊は茎から先に湯に入れ、さっと塩ゆでする。
   軽く水にさらし、よく水気をしぼって3〜4cm長さに切る。
   鶏がらスープの素とごま油をなじませ、ごまをふる。
2. にんじんとパプリカはそれぞれ塩少々とごま油で和える。
3. ごはんの上に1、2と韓国のり、糸唐辛子、ごまをのせ、
   コチュジャンを添える。

豚ばらのピリ辛炒め

（ 材料 ）2人分

豚ばらこま切れ肉 200g／にんにくのみじん切り 1片分
塩、黒こしょう 各少々／ごま油 大さじ1

A ｜ コチュジャン、しょうゆ、酒、みりん 各大さじ1／三温糖 小さじ1

（ つくり方 ）

1. 豚肉は1cm幅に切る。
2. フライパンにごま油とにんにくを入れ、弱火にかける。
   香りがたったら1を加え、塩、こしょうをふり、こんがりと焼く。
3. 2に合わせたAを入れてからめる。

RECIPE 2. of the BOX FOOD

ねぎチヂミ

（ 材料 ）1枚分

青ねぎ 1/2束／サラダ油 大さじ1

A | 上新粉、薄力粉 各大さじ2／卵 1個／ごま油、白いりごま 各小さじ1
鶏がらスープの素（顆粒） 小さじ1/2／しょうゆ 少々

たれ ： しょうゆ、酢各大さじ1、ラー油 適量

（ つくり方 ）

1. Aを混ぜ合わせ、長さ6等分に切ったねぎを加える。
2. 直径20cm程度のフライパンにサラダ油を熱し、
1を流し入れ、中火で両面色よく焼く。好みでたれをかける。

RECIPE 4. of the BOX FOOD

RECIPE 3. of the BOX FOOD

トマトと卵の炒めもの

（ 材料 ）2人分

トマトのくし形切り 1個分／卵 2個／青ねぎの小口切り 1本分
鶏がらスープの素（顆粒） 小さじ1／サラダ油 大さじ2

（ つくり方 ）

1. ボウルに卵、鶏がらスープの素を入れ、泡立て器でふんわりと混ぜる。
2. フライパンにサラダ油小さじ1を熱し、トマトを中火で炒める。
角が取れてきたら、一度取り出す。
3. 2のフライパンの汚れをペーパータオルなどでふき取り、
残りのサラダ油を中火で熱し、1を流し入れる。
菜箸で大きくかき混ぜて半熟状になったら2を戻し入れて大きく混ぜ、
ふんわりと仕上げ、青ねぎをちらす。

アレンジレシピ

ビビンバのナムルと豚ばらのピリ辛炒めで

キンパ

韓国風おかずをごはんで巻くだけで、カラフルなキンパ！
ひと口ほおばると、野菜のおいしさとピリ辛豚肉、
さらに香り高いごまの風味がいっぱいに広がります。

ナムルと豚のピリ辛キンパ

（材料）2本分

ビビンパのナムル（2〜3種類）各50g
豚ばらのピリ辛炒め 50g／焼きのり（全形）2枚／白いりごま 適量
卵焼き：卵 4個／塩 少々／サラダ油 大さじ1
A ― ごはん 300g／白いりごま 適量／塩 小さじ1／4／ごま油 小さじ1

（つくり方）

1. 卵焼きをつくる。卵を溶きほぐし、塩を加える。
直径20cm程度のフライパン、または卵焼き器にサラダ油を熱し、
卵液を流し入れ、弱火でじっくりと両面を焼く。
1cm角程度の棒状に切る。
2. Aを混ぜ合わせる。
3. 焼きのり1枚を巻きすにおく。
2の半量を奥1.5cm分を残して広げ入れ、
1、ナムル、豚肉の各半量をのせて手前から巻く。
残り1本も同様につくる。
食べやすく切り、さらにごまをふる。

BOX FOOD _ 3

定番唐揚げと変わりおひたしのしょうがごはん弁当

MENU

1. しょうがの炊き込みごはん
2. 鶏の唐揚げ
3. アンチョビポテトサラダ
4. 小松菜のおひたし
5. コーンたっぷりオムレツ
6. かぼちゃの塩麹煮

お弁当の好きなおかずのトップ3には、必ず入るであろう唐揚げ。せっかくだからひとひねり入れたい気持ちもあるけれど……結局、みんながおいしく食べられて、次もオーダーしたくなるのは、こんな定番の味つけなのだと気づきました。その代わり、合わせるおかずは定番に見せかけつつも、工夫を凝らして。お弁当を最後までおいしく食べてもらう秘訣は、ほどよく安心できる〝和みおかず〟と個性的な〝冒険おかず〟のバランスが大切なのです。そんなわけで、ごはんはきりりとしょうが風味。ポテトサラダは、アンチョビが効いた大人味。おひたしは、たっぷりレモンで意外性を。甘みがほしいなら、ほくほくのかぼちゃの塩麹煮。コーンのオムレツは、絶妙なお子さま味で、隠れた人気メニューです。

P.30 ◁…… / アレンジレシピ・かぼちゃの塩麹煮 / ……

鶏の唐揚げ

(材料) 2人分

鶏もも肉 400g／片栗粉 大さじ4
揚げ油 適量

A | しょうが、にんにくのすりおろし 各1片分
しょうゆ 大さじ2／酒 大さじ1

(つくり方)

1. 鶏肉はひと口大に切り、Aに30分以上漬ける。
2. 1の漬け汁を大さじ1ほど残し、残りを捨てる。
3. 鶏肉に片栗粉をまぶし、180℃の油で揚げる。

RECIPE 2. of the BOX FOOD

しょうがの炊き込みごはん

(材料) つくりやすい分量

しょうが 100g／米 2合／白だし 大さじ4／酒 大さじ1

(つくり方)

1. しょうがはよく洗い、皮ごと千切りにする。
2. 米を研いで炊飯器に入れ、
2合の線まで水を注ぐ。
1と白だし、酒を入れ、
軽く混ぜてから炊く。

RECIPE 1. of the BOX FOOD

RECIPE 3. of the BOX FOOD

アンチョビポテトサラダ

(材料) 2人分

じゃがいも(メイクイーン) 4個／アンチョビフィレ 4枚／マヨネーズ 大さじ4
イタリアンパセリのみじん切り 少々

(つくり方)

1. じゃがいもは皮つきのまま丸ごと鍋に入れ、たっぷりの水を注ぐ。
やわらかくなるまでゆでる。
熱いうちに皮をむき、さいの目切りにする。
2. アンチョビフィレを包丁でたたき、
マヨネーズと混ぜて1を和え、仕上げにパセリをちらす。

かぼちゃの塩麹煮

(材料) 2人分

かぼちゃ 大1/4個(400〜500g)／塩麹 大さじ2

(つくり方)

1. かぼちゃは大きめのひと口大に切り、面取りする。
2. 鍋に1の皮を下にして並べ、塩麹を入れる。
   水をひたひたになるまで加え、ふたをして中火にかける。
3. かぼちゃに火が通ったら、ふたを取る。
   強火にし、鍋を揺すりながら水分を飛ばす。

＊冷蔵庫で3日間保存可能。

RECIPE 6. of the BOX FOOD

RECIPE 4. of the BOX FOOD

小松菜のおひたし

(材料) つくりやすい分量

小松菜 1束

A ｜ 白だし 大さじ3／レモン汁 大さじ2
レモンの輪切り 4枚

(つくり方)

1. 小松菜をゆでて、4cm長さに切る。
2. 合わせたAに1を5分ほど漬ける。

コーンたっぷりオムレツ

(材料) つくりやすい分量

コーン水煮缶詰 1缶(200g)／オリーブオイル 大さじ1
黒こしょう 少々
A ｜ 溶き卵 5個分／牛乳 小さじ2／コンソメ(顆粒) 小さじ1

(つくり方)

1. Aを混ぜ合わせ、
   水気をきったコーンを入れる。
2. フライパンにオリーブオイルを入れ、
   強めの中火で熱する。
   1を流し入れ、菜箸で大きく
   混ぜながら火を通す。
   半熟状になったら火を弱め、3分ほど焼く。
3. 2のフライパンに大皿をあて、
   ひっくり返すようにして取り出す。
   フライパンに戻し、裏面も3分ほど焼き、
   仕上げにこしょうをふる。

RECIPE 5. of the BOX FOOD

アレンジレシピ

かぼちゃの塩麹煮

そのままなら、やさしい味わいの和の煮もの。
バターをのせれば洋のおいしさ、マッシュにすればコロッケ&グラタンに。
変幻自在、たっぷりつくってストックしたいおかずです。

塩麹かぼちゃバター

（材料）つくりやすい分量

かぼちゃの塩麹煮 200g／バター 大さじ1／黒こしょう 少々

（つくり方）

かぼちゃの塩麹煮を温め、バターをのせて溶かす。
仕上げにこしょうをふる。

塩麹かぼちゃコロッケ

（材料）つくりやすい分量

A ― かぼちゃの塩麹煮 300g／フライドオニオン（市販）、粉チーズ 各20g／ミックスナッツ 30g

B ― パン粉 50g／サラダ油 大さじ3

（つくり方）

1. Bを混ぜ合わせ、フライパンに入れて中火でから煎りする。
2. ボウルにAを入れてフォークで粗くつぶして混ぜ、大きめのひと口大に丸めて1をまぶす。

かぼちゃの塩麹グラタン

（材料）つくりやすい分量

A ― かぼちゃの塩麹煮 400g／生クリームソース（P.16参照） 40g

B ― ピザ用チーズ 40g／粉チーズ 適量

イタリアンパセリのみじん切り 少々

（つくり方）

1. ボウルにAを入れてフォークで粗くつぶしながら混ぜる。
2. 耐熱皿に1を入れ、Bをかけてトースターで焼き色がつくまで焼き、仕上げにパセリをちらす。

BOX FOOD_4

チキンと野菜のドライカレー弁当

MENU

1. チキンと野菜のドライカレー
2. タンドリーチキン
3. きゅうりのディルヨーグルトサラダ
4. アボカドのごま和え
5. にんじんのクミンソテー

メインは、野菜たっぷりのドライカレー。常備してある〝ベジ炒め〟さえあれば、鶏ひき肉とさっと炒め合わせて軽く煮込むだけ。驚きの手間なしメニューに早変わりです。つけ合わせには、ボリュームいっぱいのにんじんのソテー。大きなままじっくり焼けばほくほくと、甘さが引き立つ仕上がりになります。スパイシーなメニューが続いたところで、ほしくなるのが箸休め。まずは、なめらかな食感のアボカドと、ほんのり甘いごま和えをミックスした和洋折衷な一品を。さらにさわやかさをプラスするために用意したのは、きゅうりのディルヨーグルトサラダ。ヒントにしたのは、ギリシャ料理のヨーグルトを使ったディップ〝サジキソース〟。ディルの香りがすがすがしく、実はカレーと混ぜて味わっても絶品です。

P.36 ← / つくりおきで使える！・ベジ炒め /

チキンと野菜のドライカレー

（ 材料 ）作りやすい分量

鶏ひき肉 150g／にんにく、しょうがのみじん切り
各1片分／オリーブオイル 大さじ1／ごはん、目玉焼き、フライドオニオン 各適量

A | みじん切りベジ炒め（P.36参照） 150g／ミニトマト 5個／カレー粉 大さじ3
ガラムマサラ、クミン、コリアンダー 各小さじ1／トマトソース（P.16参照） 大さじ3
トマトケチャップ、ウスターソース 各大さじ2／しょうゆ、はちみつ 各大さじ1/2

（ つくり方 ）

1. 鍋にオリーブオイルとにんにく、しょうがを入れて弱火にかける。
香りがたったら、ひき肉を加えて炒める。
2. Aを加え、弱火で20分ほど煮込む。
3. 弁当箱にごはんをよそい、
2をかけて目玉焼きとフライドオニオンをのせる。

RECIPE 1. of the BOX FOOD

RECIPE 2. of the BOX FOOD

タンドリーチキン

（ 材料 ）2人分

鶏もも肉 2枚（約500g）／塩 小さじ1/3／黒こしょう 少々
オリーブオイル 大さじ1／レモン 適量

A | にんにくのすりおろし 1片分／プレーンヨーグルト 大さじ4
カレー粉、トマトケチャップ、オリーブオイル 各大さじ1
しょうゆ 大さじ1/2／パプリカパウダー 少々

（ つくり方 ）

1. 鶏肉はそれぞれ半分に切り、塩、こしょうをすり込む。
2. Aを合わせてジッパーつきポリ袋に入れ、
1を入れてもみ込み、30分以上おく。
3. フライパンにオリーブオイルを熱し、
弱めの中火で2を皮目から焼く。
焼き色がついたら裏返してふたをして5分焼く。
食べるときにレモンをしぼる。

にんじんのクミンソテー

（ 材料 ）つくりやすい分量

にんじん（細め）2本／クミン（ホール）大さじ1/3
塩 少々／オリーブオイル 大さじ2

（ つくり方 ）

1. にんじんは皮つきのまま縦半分に切り、塩をふる。
2. フライパンにオリーブオイルの半量を入れ、弱火にかける。
   1を切り口からじっくりと、竹串がすっと刺さるまで
   焼いて取り出す（途中、裏返す）。
3. 空になった2のフライパンをぬれぶきんの上にのせて冷ます。
   残りのオリーブオイルとクミンを入れて弱火にかけ、
   香りがたったらにんじんにかける。

きゅうりのディルヨーグルトサラダ

（ 材料 ）2人分　きゅうり 3本／塩 適量

A ｜ ディルのざく切り 1/3パック分
　｜ プレーンヨーグルト 大さじ4／マヨネーズ 大さじ3

（ つくり方 ）

1. きゅうりはピーラーで皮をむき、
   食べやすくひと口大に切る。
   塩をふってしばらくおき、
   水分をしっかりとふき取る。
2. Aを合わせ、1を和える。

アボカドのごま和え

（ 材料 ）2人分
アボカド 2個

A ｜ しょうゆ 大さじ1
　｜ 三温糖、白いりごま、白すりごま 各10g

（ つくり方 ）

1. Aをボウルに合わせておく。
2. アボカドは皮をむき、
   さいの目に切って、1で和える。

つくりおきで使える!

ベジ炒め

野菜をじっくり炒めたからこそ出せる味。
そのつどつくるのは手間も時間もかかるから、
まとめてつくっておくのが正解です。
残り野菜を自由に組み合わせて。

みじん切りベジ炒め

（ 材料 ）つくりやすい分量

玉ねぎ、パプリカ 各2個／セロリ、にんじん 各1本
ブロッコリー 1株／えのき 1パック／塩、黒こしょう 各少々
オリーブオイル 大さじ3

（ つくり方 ）

1. 野菜ときのこはすべてみじん切りにする。
2. フライパンにオリーブオイルを熱し、1を入れ、塩、こしょうをして弱めの中火で玉ねぎが透明になるまで炒める。

*冷蔵庫で1週間、冷凍庫で1カ月保存可能。

ベジ炒め

（ 材料 ）つくりやすい分量

玉ねぎ、パプリカ 各1個／ズッキーニ、なす 各1本
塩 小さじ1／3／オリーブオイル 大さじ2

（ つくり方 ）

1. 玉ねぎはくし形切り、パプリカは細切りに、ズッキーニとなすは7㎜厚さの輪切りにする。ペーパータオルを敷いたバットに並べ、塩をふって10分ほどおき、水分をふき取る。
2. フライパンにオリーブオイルを熱し、中火で1の野菜を両面こんがりと焼く。

*冷蔵庫で1週間、冷凍庫で1カ月保存可能。

Arrange!

○ えびと野菜のライムクリームペンネ

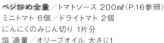

（ 材料 ）2人分

みじん切りベジ炒め 100g／小えび 100g／にんにくのみじん切り 1片分
ペンネ 160g／ライム 1/4個／生クリームソース 大さじ3（P.16参照）
塩、黒こしょう 各少々／オリーブオイル 大さじ1／ミックスリーフ 適量

（ つくり方 ）

1. ペンネを袋の表示通りに塩ゆでする。
えびに塩、こしょうをふる。ライムは半分に切る。
2. フライパンにオリーブオイルとにんにくを入れて弱火にかけ、
香りがたったら1のえびとベジ炒めを加えて炒める。えびの色が変わりはじめたら、
1のペンネと生クリームソース、ライムの半量の絞り汁を入れて混ぜる。
塩気が足りないようなら、ペンネのゆで汁を加えて調整する。
3. 仕上げにEXVオリーブオイル（分量外）を回しかけ、
容器にミックスリーフ、残りのライムとともにつめる。

Arrange!

○ 野菜のラグーとソーセージのスープ

（ 材料 ）2人分

みじん切りベジ炒め 40g／ソーセージ 4本
コンソメ（顆粒）小さじ2／水 500㎖

（ つくり方 ）

すべての材料を鍋に入れ、
ソーセージが温まるまで煮る。

Arrange!

○ ラタトゥイユ

（ 材料 ）2人分

ベジ炒め全量／トマトソース 200㎖（P.16参照）
ミニトマト 6個／ドライトマト 2個
にんにくのみじん切り 1片分
塩 適量／オリーブオイル 大さじ1

（ つくり方 ）

1. ドライトマトはキッチンバサミで5㎜角に切る。
2. 鍋にオリーブオイルとにんにくを
入れて弱火にかけ、香りがたったら
残りの材料を入れて弱火で10分ほど煮込む。
味をみて、塩で味をととのえる。

BOX FOOD_5

ぶり照りとだしごはんの しっとりおいしい和弁当

魚のおかずは、なんだか食べ応えがない。そんな声もありますが、種類さえ選べば、その問題は解決です。メインを魚と決めたとき、真っ先に候補にあがるのが、ほどよく脂がのったぶり。こっくり照り焼きにすれば、お肉に負けない満足感です。主役を完全な和にしたら、合わせるものもそのイメージでそろえましょう。香味野菜を存分に使う、山形の郷土料理〝だし〟は、塩麹と塩昆布で手軽に再現。厚揚げは〝揚げ〟だけに、ボリューム感が心配な和のお弁当のときには、頼りになる名脇役。沖縄名物のにんじんしりしりは、ツナのうまみで満足感あり。優等生ぞろいといったこれら和のおかずの中で、異彩を放つのが、帽子をかぶったようなブロッコリーのピカタ。この個性派が、お弁当に軽快な味つけをしてくれます。

MENU

1. 香味野菜のだしごはん
2. ぶりの照り焼き
3. にんじんしりしり
4. 厚揚げといんげんの煮物
5. ブロッコリーのピカタ

P.42 ← / 味変えレシピ・のせごはん /

RECIPE 1. of the BOX FOOD

香味野菜のだしごはん

(材料) 2人分

きゅうり、なす 各1本／塩 適量／塩昆布 ひとつまみ
液体塩麹(なければ塩麹) 大さじ1

A | みょうがのみじん切り 1個分／しょうがのみじん切り 1片分
大葉のみじん切り 5枚分

(つくり方)

1. きゅうり、なすはみじん切りにする。
それぞれ塩をふって10分ほどおき、水気をよくしぼる
(なすは水にさっとさらしてからしぼる)。
2. すべての材料を混ぜ合わせ、ごはん(分量外)にのせる。

ぶりの照り焼き

(材料) 2人分

ぶりの切り身 2枚／薄力粉 少々／塩 小さじ1／サラダ油 大さじ1/2／しょうがの千切り 少々

A | しょうゆ、酒、みりん 各大さじ2／三温糖 大さじ1

(つくり方)

1. ぶりの両面に塩をふって10分ほどおき、流水で洗う。
水気をふき、薄力粉を茶漉しを使って薄くまぶす。
2. フライパンにサラダ油を熱し、中火でぶりの両面をこんがり焼いて取り出す。
3. 2のフライパンの油をペーパータオルでふき取り、
Aをフライパンに入れてとろみがつくまで煮詰める。
2を戻し入れ、たれをからめる。仕上げにしょうがをのせる。

RECIPE 2. of the BOX FOOD

RECIPE 3. of the BOX FOOD

にんじんしりしり

(材料) つくりやすい分量

にんじん 2本／ツナオイル缶 小1缶(70g)
白いりごま 適量／酒 大さじ1／塩 小さじ1/2
ごま油 大さじ1

(つくり方)

1. にんじんは太めの千切りにする。
2. フライパンにごま油を熱し、1を強火で炒める。
しんなりしたら、油分をきったツナを加え、炒め合わせる。
3. 酒、塩を加えて全体をさっと炒め合わせ、
ごまをふる。

*冷蔵庫で3日間保存可能。

RECIPE 4. of the BOX FOOD

厚揚げといんげんの煮物

(材料) 2人分

厚揚げ 2枚／いんげん 6本
白だし 大さじ3／三温糖 大さじ2／七味唐辛子 少々

(つくり方)

1. 食べやすく切った厚揚げを2分ゆで、水気をきる。
いんげんは筋を取り、30秒ほど塩ゆでする。
2. 鍋に1の厚揚げと白だし、三温糖を入れ、
水をひたひたに加えて中火にかける。
煮立ったら1のいんげんを加えて1分煮る。
火からおろし、冷まして味を含ませる。
仕上げに七味唐辛子をふる。

RECIPE 5. of the BOX FOOD

ブロッコリーのピカタ

(材料) 2人分

ブロッコリー 1/2株／薄力粉 適量／オリーブオイル 大さじ1/2

A ｜ 溶き卵 1個分／粉チーズ 大さじ1／黒こしょう 少々

(つくり方)

1. ブロッコリーは小房に分け、
耐熱皿にのせて水少々(分量外)をふり、ラップをかける。
電子レンジで1分30秒加熱し、冷ます。
2. 茎部分を持ち、花蕾《からい》部分に薄力粉を薄くまぶす。
さらに混ぜ合わせたAにくぐらせる。
3. フライパンにオリーブオイルを熱し、
中火で卵に火が通るまで軽く焼く。

味変えレシピ

のせごはん

簡単おかず、あるいはおかずともいえない素材をごはんの上に。
それだけでかわいいライスボウルのできあがり。
小さなカップに入れるだけで、なんだかおしゃれに仕上がります。

鶏そぼろ

（材料）つくりやすい分量
鶏ひき肉 200g
A ─ 三温糖 大さじ4／しょうゆ 大さじ3／酒 大さじ1／香草 少々

（つくり方）
フライパンにひき肉と水大さじ3（分量外）を入れ、菜箸でほぐす。Aを加えて中火にかけ、混ぜながら水分がなくなるまで煮る。仕上げに香草をのせる。

チーズおかか

（材料）つくりやすい分量
プロセスチーズのさいの目切り 30g／かつお節 5g／しょうゆ 大さじ1
青ねぎの小口切り 少々

（つくり方）
すべての材料を混ぜ合わせる。仕上げに青ねぎをちらす。

山いもアボカド

（材料）つくりやすい分量
アボカドの薄切り 1個分／山いもの薄切り 60g
レモン汁 8等分のくし形切り1個分
しょうゆ 小さじ1／EXVオリーブオイル 小さじ1／わさび、黒こしょう 各少々

（つくり方）
こしょう以外の材料を混ぜ合わせる。仕上げにこしょうをふる。

BOX FOOD_6

きのこピラフとマーマレードチキンのカラフル弁当

MENU

1. きのこピラフ
2. チキンソテー マーマレードソース
3. パセリとドライトマトのオムレツ
4. ポテトロースト
5. ミニトマトのピクルス

メニューのリクエストはもちろん、中には、「気分が上がる華やかなものを！」とビジュアル重視で頼まれる場合も。そんなときには、ビタミンカラーを意識したおかずを組み合わせます。メインのチキンソテーは、明るいオレンジのソースと輪切りオレンジを添えて。きのこピラフは、色合いは地味ながらもきのこそれぞれの形がかわいらしく、お弁当に軽快な動きが出せます。何といっても助かるのが、カラフルなミニトマト。色合いさまざまですから、まとめてピクルスにしておくと、手間なくかわいいお弁当に。鮮やかな黄色がはつらつとしたオムレツは、切り口のハーブをしっかり見せます。ポテトには大葉をパラリ。ハーブの色濃いグリーンは、おいしく華やかなお弁当の味方です。

P.47 ← / アレンジレシピ・和のふりかけテク /

RECIPE 1. of the BOX FOOD

きのこピラフ

（ 材料 ）つくりやすい分量

好みのきのこ2～3種類 250～300g／にんにく 1片／米 2合
コンソメ（顆粒） 小さじ1／塩 小さじ1/3／黒こしょう 少々／オリーブオイル 大さじ3

（ つくり方 ）

1. きのこは石づきを切り落とし、食べやすく切る。
2. フライパンにつぶしたにんにくとオリーブオイルを入れ、弱火にかける。香りがたったら1を加えて塩をふり、10分焼く。
3. 米を研いで炊飯器に入れ、2とコンソメを加える。2合の線まで水を注いで軽く混ぜてから炊き、仕上げにこしょうをふる。

RECIPE 2. of the BOX FOOD

チキンソテー マーマレードソース

（ 材料 ）2人分

鶏もも肉 2枚（約500g）／塩、黒こしょう 各少々／オリーブオイル 大さじ1
オレンジの皮の千切り 少々

A | オレンジマーマレード 大さじ3
フレンチマスタード、みりん 各大さじ1／しょうゆ 小さじ1

（ つくり方 ）

1. 鶏肉に塩、こしょうをふる。
2. フライパンにオリーブオイルを熱し、1を皮目から入れて強火で5分焼く。裏返し、水20mℓ（分量外）を加えてふたをし、弱めの中火で4分焼いて取り出す。
3. 2のフライパンにAを入れ、肉汁と合わせて温めて2にかける。仕上げにオレンジの皮をのせる。

ポテトロースト

RECIPE 4. of the BOX FOOD

（ 材料 ）2人分

じゃがいも（メークイン） 2個
大葉のみじん切り 小さじ1
塩 ひとつまみ／黒こしょう 少々
オリーブオイル 大さじ1

（ つくり方 ）

1. じゃがいもは皮つきのまま丸ごと鍋に入れ、
たっぷりの水を注ぐ。やわらかくなるまでゆで、半分に切る。

2. フライパンにオリーブオイルを熱し、
1を切り口を下にして入れ、焼き色をつける。裏返して両面焼く。
仕上げに塩とこしょう、大葉をふりかける。

RECIPE 5. of the BOX FOOD

ミニトマトのピクルス

（ 材料 ）つくりやすい分量

ミニトマト 400〜500g
ピクルス液：水 200mℓ／米酢 100mℓ／三温糖 40g
塩 大さじ1/2／ローリエ 1枚／黒こしょう（粒） 10粒
マスタードシード 小さじ1

（ つくり方 ）

1. ピクルス液の材料を鍋に入れ、煮立てて冷ます。

2. ミニトマトはヘタを取り、水分をよくふく。
清潔な保存びんに入れ、
1を注いで1日以上おく。

＊冷蔵庫で1週間保存可能。

パセリとドライトマトのオムレツ

（ 材料 ）つくりやすい分量

卵 5個／オリーブオイル 大さじ1

A ｜ 牛乳 大さじ1／コンソメ（顆粒） 小さじ1/2
B ｜ イタリアンパセリのみじん切り 大さじ2／ドライトマト 大1個

（ つくり方 ）

1. Bのドライトマトはキッチンバサミで5㎜角に切る。

2. ボウルに卵を割り入れ、Aを入れて混ぜ、
さらにBを加えて混ぜる。

3. フライパンにオリーブオイルを入れ、
強めの中火で熱する。
2を流し入れ、菜箸で大きく混ぜながら火を通す。
半熟状になったら火を弱め、3分ほど焼く。

4. 3のフライパンに大皿をあて、
ひっくり返すようにして取り出す。
フライパンに戻し、裏面も3分ほど焼く。

RECIPE 3. of the BOX FOOD

アレンジレシピ

和のふりかけテク

手軽に味の変化をつけたい。アクセントをつけたい。
そんなときに覚えておくと役立つのが、ふりかけテクニックです。
山椒、七味、白ごま黒ごま、かつお節。
さっとひとふりするだけで、和の風味をまとってくれるのです。

山椒をふりかけて

肉巻きおにぎり

〈材料〉4個分

豚ばら薄切り肉 4〜8枚
ごはん 300g／塩 少々／水溶き片栗粉（水大さじ1＋片栗粉小さじ1）
粉山椒 少々

A
しょうゆ、酒、みりん 各大さじ2
三温糖 大さじ1

〈つくり方〉

1. ごはんに塩を入れて混ぜ、4等分にして丸いおむすびにする。肉を全体に巻く。
2. フライパンを中火で熱し、1の肉の巻き終わりを下にして、全体に焼き色をつけて取り出す。
3. 2のフライパンの脂をふき、Aを入れて弱火にかけて砂糖を溶かし、水溶き片栗粉でとろみをつける。2を戻し入れてからめ、山椒をふる。

七味唐辛子をふりかけて

夏野菜の焼き浸し

〈材料〉2人分

ベジ炒め（P.36参照）全量
七味唐辛子 適量

A
白だし 大さじ2
みりん、砂糖 各大さじ1／水 200㎖

〈つくり方〉

1. ベジ炒めをフライパンに入れ、炒める。
2. Aを鍋に入れてひと煮立ちさせ、1を20分ほど漬ける。仕上げに七味唐辛子をふる。

かつお節・ごまをふりかけて

かつお節&ごままみれおにぎり

〈材料〉4個分

ごはん 300g／塩 少々／ごま油 適量
かつお節、黒いりごま 各少々

〈つくり方〉

ごはんに塩を入れて混ぜ、4等分にして丸いおむすびにする（ごまのほうはごま油を手に取って軽く表面に塗りつける）。全体にかつお節とごまをそれぞれまぶす。

BOX FOOD_7

ハーブが香る、みんな大好きパスタ弁当

MENU

1. ツナと野菜のラグーパスタ
2. チキンミートローフ
3. トマトのハーブソテー
4. さつまいものサラダ
   ハニーマスタードオニオン
5. アボカドとえびのグラタン

ごはんの代わりにパスタ。それだけで、心弾むのが不思議です。主役のパスタはあっさりと、レモンと黒こしょうで風味づけ。もちろん仕上げはたっぷりのハーブです。さらに、いつもは何の気なしにミニトマトを入れるところを、せっかくだからちょっとひと手間。カットしたトマトをじっくりと、ハーブの香りを移しながら焼き、パスタにからめてよし、ミートローフのソースに使ってよしのシンプルなトマトソース感覚で仕上げます。もうひとつの主役は、濃厚なアボカドの食感で、ホワイトソースなしでも満足できる簡単グラタン。こんな個性的なおかずがそろったなら、ポテトサラダも脱定番。さつまいもを使った、ひとひねりあるレシピで登場です。

P.54 <…… / 味変えレシピ・ショートパスタ /

ツナと野菜のラグーパスタ

RECIPE 1. of the BOX FOOD

（ 材料 ）2人分

ツナオイル缶 小1缶（70g）／にんにくのみじん切り 1片分
みじん切りベジ炒め（P.36参照） 100g／フジッリ 160g／レモン 1/4個
黒こしょう、チャービル 各少々

（ つくり方 ）

1. フジッリを袋の表示通りに塩ゆでする。
2. フライパンにツナをオイルごと入れ、にんにくを加えて弱火にかけ、香りがたったらベジ炒めを加えて炒める。
3. 2に水気をきった1とゆで汁少々を加えてからめる。仕上げにレモンをしぼり、こしょうをふり、チャービルをちらす。

RECIPE 2. of the BOX FOOD

チキンミートローフ

（ 材料 ）約25×20cmのバット1台分

鶏ひき肉 300g／みじん切りベジ炒め（P.36参照） 300g
ハム 6枚／ドライトマト 3個／パン粉 20g／卵 1個
コンソメ（顆粒）、トマトケチャップ 各大さじ1
ウスターソース、ディジョンマスタード、しょうゆ 各小さじ1

（ つくり方 ）

1. ハムはみじん切りに、ドライトマトはキッチンバサミで5mm角に切る。
2. すべての材料をボウルに入れて粘りが出るまで混ぜ合わせる。
3. オーブンシートを敷いたバットに2を空気を抜きながら厚さ2cm程度になるように詰め、180℃のオーブンで25分ほど焼き色がつくまで焼く。

＊同サイズのバットがないときは、2cm厚さに手で成形し、オーブンシートを敷いた耐熱容器に入れて焼く。

RECIPE 4. of the BOX FOOD

さつまいものサラダ ハニーマスタードオニオン

（ 材料 ）つくりやすい分量

さつまいも 400g／フライドオニオン（市販） 大さじ2

A ｜ マヨネーズ 大さじ3
ディジョンマスタード 大さじ1／はちみつ 小さじ1

（ つくり方 ）

1. さつまいもは皮をむきひと口大に切り、
水からやわらかくゆでる。
ざるに上げ、水気をきってから
鍋に戻し入れ、
弱火にかけて水分を飛ばす。

2. ボウルにAを入れて混ぜ合わせ、
1とフライドオニオンを加えて和える。

トマトのハーブソテー

（ 材料 ）2人分

トマト 小2個／タイム 2枝／塩、黒こしょう、薄力粉 各少々
オリーブオイル 大さじ1

（ つくり方 ）

1. トマトは横半分に切り、
断面に塩、こしょう、薄力粉を薄くふる。

2. フライパンにオリーブオイルを入れ、
1を切り口を下にし、タイムを加えて中火で焼く。
焼き色がついたら裏返し、両面焼く。

RECIPE 3. of the BOX FOOD

アボカドとえびのグラタン

（ 材料 ）2人分

アボカド 1個／小えび 4尾
ピザ用チーズ 大さじ2／粉チーズ 適量

A ｜ マヨネーズ 大さじ2
生クリームソース（P.16参照） 大さじ1

（ つくり方 ）

1. アボカドは半分に切って種を除き、
耐熱皿に入れる。種の入っていた
部分にえびを入れ、合わせたAを
全体にかけ、ピザ用チーズと
粉チーズをのせる。

3. オーブントースターでチーズに焼き色が
つくまで焼き、食べやすく切る。

RECIPE 5. of the BOX FOOD

味変えレシピ

ショートパスタ

さまざまなフォルムがかわいいショートパスタは、ケータリングでも人気者。「ごはんを炊き忘れた！」……実はそんなときのお助けアイテムとしても活躍です。

マッシュルームクリームソースのコンキリエ

（材料）2人分
マッシュルーム 8～10個／にんにくのみじん切り 1片分／コンキリエ 160g
生クリームソース（P.16参照） 180g／オリーブオイル 大さじ1

（つくり方）
1. コンキリエを袋の表示通りに塩ゆでする。マッシュルームを薄切りにする。
2. フライパンにオリーブオイルとにんにくを入れ、弱火にかける。
3. 香りがたったら1のマッシュルームを入れ、しんなりするまでソテーし、生クリームソースを入れる。1のコンキリエを入れ、からめる。粘りが強いようならパスタのゆで汁で調節する。

ミートソースペンネ

（材料）2人分
牛豚合びき肉 120g／みじん切りベジ炒め（P.36参照） 50g／にんにくのみじん切り 1片分
ペンネ 160g／粉チーズ 好みで／オリーブオイル 大さじ1
A ― トマトソース（P.16参照） 100g／ウスターソース 大さじ1／赤ワイン 大さじ2

（つくり方）
1. ペンネを袋の表示通りに塩ゆでする。
2. フライパンにオリーブオイルとにんにくを入れ、弱火にかける。香りがたったらひき肉を加えて炒め、ベジ炒めとAを加えて10分ほど煮込む。
3. ゆであがったペンネに2をのせ、好みで粉チーズをかける。

ジェノベーゼファルファーレ

（材料）2人分
春菊ジェノベーゼ（P.16参照） 大さじ4／ファルファーレ 160g／EXVオリーブオイル 大さじ1

（つくり方）
1. ファルファーレを袋の表示通りに塩ゆでする。
2. ボウルにジェノベーゼとオリーブオイルを入れて混ぜておき、ゆであがった1を和える。

食感いろいろ！
おなかも満足グルテンフリー弁当

MENU

1. サーモンとハーブの混ぜごはん
2. アボカドオムレツ
3. きのこのバルサミコソテー
4. かぼちゃとナッツ&レーズンの白和え
5. キャベツのレモンクミンサラダ
6. 厚揚げとなすのソテーしょうがだれ

リクエストの中には「小麦粉NG」というものも。となると、少量でもおなかにたまる小麦粉を使わずにどこで満腹感を出すか？が勝負になります。まずは、脇役にまわりがちなごはんを具だくさんにしてハーブの香りをまとわせ、主役級に昇格。噛むほどにうまみを感じるきのこや、ボリューム感のある厚揚げで脇をしっかり固めます。さらに、いつも以上に意識するのが、味つけのバランス。ただ調味料を多くして濃くするのではなく、酸味、辛み、塩味がそれぞれキリッとたつように仕上げるのがポイントです。キャベツにはクミンを、かぼちゃにはナッツを……と、それぞれのおかずに食感と味わいのアクセント素材をプラスするのもアイデアです。

P.60 ←…… / アレンジレシピ・洋のふりかけテク /

RECIPE 1. of the BOX FOOD

サーモンとハーブの混ぜごはん

(材料) つくりやすい分量

甘塩ざけの切り身 1枚／ディルのざく切り 大さじ1
ごはん 400g

(つくり方)

1. 魚焼きグリルなどでさけを焼き、
   皮と骨を取り除いてほぐす。
2. ごはんに1とディルを混ぜる。

RECIPE 2. of the BOX FOOD

アボカドオムレツ

(材料) つくりやすい分量

アボカド 2個／塩 ひとつまみ／オリーブオイル 大さじ1

A | 溶き卵 5個分／牛乳 小さじ2／コンソメ（顆粒） 小さじ1

(つくり方)

1. アボカドは薄切りにして塩をふっておく。
2. 直径20cmほどのフライパンに
   オリーブオイルを入れ、強めの中火で熱する。
   混ぜ合わせたAを流し入れ、
   菜箸で大きく混ぜながら火を通す。
   半熟状になったら上に1を並べ、ふたをして
   火を弱めて3分ほど焼く。
3. 2のフライパンに大皿をあて、ひっくり返すようにして取り出す。
   フライパンに戻し、裏面も3分ほど焼く。

RECIPE 3. of the BOX FOOD

きのこのバルサミコソテー

(材料) つくりやすい分量

エリンギ、まいたけ、しめじ 各1パック（計約300g）
塩、黒こしょう 各少々／EXVオリーブオイル 大さじ2

A | バルサミコ酢 50mℓ／しょうゆ、はちみつ 各大さじ1

(つくり方)

1. フライパンにオリーブオイルを
   中火で熱する。石づきを切り落とし、
   食べやすく切ったきのこを加え、
   塩、こしょうをしてしんなりするまで炒める。
2. 1にAを加えて強火にし、
   混ぜ合わせる。

*冷蔵庫で5日間保存可能。

厚揚げとなすのソテー しょうがだれ

（ 材料 ）2人分

厚揚げ 小2枚／なす 2本
しょうがのすりおろし 1片分
しょうゆ 大さじ1／ごま油 大さじ2

（ つくり方 ）

1. 厚揚げは縦4等分など
食べやすく切る。なすは縦半分に切り、
縦に約2㎜間隔で隠し包丁を入れる。
2. フライパンにごま油を熱し、中火で1を焼く。
3. 2の厚揚げにそれぞれしょうがをのせ、
しょうゆをしょうがに染み込ませるようにかける。

RECIPE 6. of the BOX FOOD

RECIPE 5. of the BOX FOOD

キャベツのレモンクミンサラダ

（ 材料 ）つくりやすい分量

キャベツ 1/2個／塩 小さじ1/3／クミン（ホール） 大さじ1
レモン汁 大さじ1／EXVオリーブオイル 大さじ1 1/2

（ つくり方 ）

1. キャベツは太めの千切りにする。
塩をふり、耐熱皿に入れてラップをし、
電子レンジに5分かける。
2. 1を冷水にさらし、ペーパータオルで
包んで水気をしっかりしぼり、
バットなどに移す。
3. フライパンにオリーブオイルとクミンを入れ、
弱火にかける。薄茶色になってきたら、
熱いまま2にかけ、レモン汁を回しかける。
味をみて、足りなければ塩でととのえる。

＊冷蔵庫で3日間保存可能。

かぼちゃとナッツ＆レーズンの白和え

（ 材料 ）2人分

かぼちゃ 1/4個／木綿豆腐（水きりしたもの）
1/2丁分（正味170g）／ミックスナッツ、レーズン 各20g

A ｜ ピーナツバター（チャンクタイプ・有糖）
大さじ1 1/2／白だし 大さじ1／三温糖 小さじ1

（ つくり方 ）

1. かぼちゃは小さめのひと口大に切り、
耐熱皿にのせて水少々をふり、
ラップをかけて電子レンジで9分加熱する。
2. Aをボウルに合わせ、木綿豆腐を加えて
なめらかになるまでつぶしながら混ぜる。
3. 2に1とナッツ、レーズンを加えて
混ぜ合わせる。

RECIPE 4. of the BOX FOOD

アレンジレシピ

洋のふりかけテク

ふりかけは、風味をプラスするだけではありません。
カリカリのナッツ、サクッとした歯ざわりが楽しいフライドオニオン。
食感が個性的なのも魅力のひとつです。
いつものサラダに、カレーに、ほんのひとつまみでささやかな特別感を。

粉チーズをふりかけて

夏野菜のティアン

（材料）2人分
なす 小2本／ズッキーニ 小1本／トマト 中1個
玉ねぎの薄切り 1／4個分
にんにくのみじん切り 1片分
トマトペースト、オリーブオイル 各大さじ2
粉チーズ 10g／塩、黒こしょう 各適量

（つくり方）
1. なす、ズッキーニ、トマトは5㎜厚さの輪切りにする。ペーパータオルを敷いたバットに並べ、塩、こしょうをして10分ほどおく。
2. フライパンにオリーブオイルを熱し、中火で玉ねぎとにんにくをしんなりするまで炒める。
3. 1のなすとズッキーニの水気をペーパータオルでおさえ、半量を交互に耐熱皿の底に敷き詰める。上に2とトマトペーストをのせ、塩、黒こしょう、残りの半量のなすとズッキーニ、トマトの輪切りを交互にのせ、粉チーズをかける。オリーブオイル（分量外）を回しかけ、オーブントースターで20分ほど焼き色がつくまで焼く。

フライドオニオンをふりかけて

フライドオニオンとソーセージの混ぜごはん

（材料）2人分
ソーセージの小口切り 4本分
フライドオニオン（市販） 大さじ2／ごはん 300g
パセリのみじん切り 少々／塩、黒こしょう 各少々
オリーブオイル 大さじ1

（つくり方）
1. フライパンにオリーブオイルとソーセージを入れ、弱火で香ばしく炒める。
2. ボウルにごはんと1をオイルごと入れ、フライドオニオンとパセリを加えて混ぜる。塩、こしょうで味をととのえる。

ナッツ&ドライフルーツをふりかけて

ドライカレーのトッピング

（材料）つくりやすい分量
チキンと野菜のドライカレー（P.34参照）、ごはん、ミックスナッツ、ドライフルーツ 各適量

（つくり方）
器にごはんをよそい、ドライカレーをかけてナッツとドライフルーツをちらす。

同じ素材も飽きずにおいしく **素材別レシピ**

1日にいくつものオーダーを受けるケータリング。
そのすべてを、同じメニューにするわけにはいきません。
必要なのは、ひとつの素材を何通りものおかずに展開するアイデア。
揚げて蒸して焼きつけて。素材のおいしさを存分に引き出します。
「素材はあるけれど……？」と悩んだときには、ぜひこちらを参考に。

CARROT
にんじん

フライドキャロット

（ 材料 ）つくりやすい分量

にんじん 1本／片栗粉 大さじ1／塩、揚げ油 各適量

（ つくり方 ）

1. にんじんは皮つきのまま縦8等分に切る。
2. 1に片栗粉をまぶし、160℃の油で5分ほど揚げる。浮いてきたら火を強めて
   1分〜1分30秒、カリッとするまで揚げ、油をきって塩をふる。

にんじんソムタム

（ 材料 ）つくりやすい分量

にんじん 2本／ミニトマト 4個／いんげん 4本／ピーナツ（有塩） 大さじ2
レモン 1/2個／干しえび 大さじ1／赤唐辛子 2本

A ｜ にんにくのみじん切り 1片分／スイートチリソース 小さじ1／ナンプラー 小さじ2

（ つくり方 ）

1. にんじんは千切り、ミニトマト、いんげんは半分に切る。
   ピーナツは刻み、レモンはくし形切りにする。
2. ボウルに1のにんじんといんげん、干しえび、さらに種を出しながら
   トマトを入れる（種のとろみをソースとして使う）。
   赤唐辛子は半分にちぎって種ごと加える。
3. 2にAとレモンをしぼりながら入れ、1のピーナツも加えて全体を混ぜ合わせる。

*冷蔵庫で3日間保存可能。

キャロットオレンジラペ

（ 材料 ）つくりやすい分量

にんじん 大1本／オレンジ 1個

A ｜ 米酢 35mℓ／三温糖 15g

（ つくり方 ）

1. にんじんはピーラーでリボン状に削る。
2. オレンジの皮適量をピーラーで削り、さらに千切りにする。
   果実は半分にカットして果汁をしぼり、Aと合わせておく。
3. 1と2を和えて10分ほどおいて味をなじませる。

*冷蔵庫で5日間保存可能。

にんじんの炊き込みごはん

（ 材料 ）2合分

にんじん 2本／白だし、酒 各大さじ2／米 2合

（ つくり方 ）

1. にんじんはみじん切りにする。
2. 米を研いで炊飯器に入れ、1と白だし、酒を加えて2合の線まで水を注ぐ。
   軽く混ぜ、炊く。

にんじんきんぴら

（ 材料 ）つくりやすい分量

にんじん 1本／三温糖、白だし 各大さじ1／糸唐辛子 少々／ごま油 大さじ1

（ つくり方 ）

1. にんじんは皮つきのまま太めの千切りにする。
2. フライパンにごま油を熱し、1を中火で焼き色がつくまで炒める。
3. 三温糖を入れて全体にからませ、カラメル状になったら
   白だしを入れて強火にし、とろみがつくまで炒め、
   糸唐辛子をのせる。

*冷蔵庫で3日間保存可能。

じゃがいものオムレツ

（ 材料 ）約25×20×3.5cmのバット1台分

じゃがいも（メークイン） 500g

A｜溶き卵 2個分／生クリーム 100ml／オリーブオイル 大さじ2／塩 小さじ1

（ つくり方 ）

1. じゃがいもは皮をむいて2〜3mm厚さの薄切りにする。
2. Aを混ぜ合わせる。
3. バットにオーブンシートを敷き、じゃがいもをすき間なく敷き詰める。
   2の卵液を1/4量注ぎ、じゃがいも、卵液の順に、10層重ねる。
4. 170℃に温めたオーブンで30分焼く。

じゃがいももち

（ 材料 ）8個分

じゃがいも（男爵） 3個／サラダ油 大さじ1

A｜片栗粉、牛乳 各大さじ3／塩 少々

B｜しょうゆ、酒、みりん 各大さじ2／三温糖 大さじ1

（ つくり方 ）

1. 鍋にたっぷりの水を入れ、皮をむいたじゃがいもと
   塩ひとつまみ（分量外）を入れて中火にかける。
   じゃがいもがやわらかくなったら水気をきり、
   弱火にして鍋をゆすりながら水分を飛ばし、粉ふきいもにする。
   熱いうちにボウルに移し、つぶす。
2. 1にAを加えて混ぜ、8等分に丸める。
3. フライパンにサラダ油を熱し、2を入れて中火で両面を色よく焼く。
   合わせたBを加え、全体にからめる。

さつまいもの大学いも風

（ 材料 ）つくりやすい分量

さつまいも 2本／はちみつ 大さじ2／揚げ油、黒いりごま 各適量

（ つくり方 ）

1. さつまいもはよく洗って、皮ごと乱切りにし、水に10分さらす。
2. 160℃に熱した油で水気を切った1を5分ほど揚げ、取り出す。
3. 油の温度を180℃に上げ、2を戻し入れて
   表面がからりとするまで揚げる。
   熱いうちにはちみつとごまをからめる。

玉ねぎとじゃこのかき揚げ

（ 材料 ）4個分

A｜玉ねぎの薄切り 1/2個分／ちりめんじゃこ 50g／青ねぎの小口切り 4本分
　｜塩 小さじ1/4／薄力粉 50g

水 50ml／揚げ油 適量

（ つくり方 ）

1. Aをボウルに入れ、さっと混ぜる。全体に衣がなじむように水を少しずつ加え混ぜる。
2. フライパンの深さ5mm程度まで油を入れ、180℃に熱する。
   1を1/4量ずつ平らに広げ入れ、こんがり色づくまで揚げ、裏返す。
   火を弱め、2分ほど揚げ焼きにする。残りも同様に揚げる。

紫玉ねぎのピクルス

（ 材料 ）つくりやすい分量

紫玉ねぎ 1個

ピクルス液：水 200ml／米酢 100ml／三温糖 40g／塩 大さじ1/2

ローリエ 1枚／黒こしょう（粒）10粒／塩 小さじ1/4

（ つくり方 ）

1. ピクルス液の材料を鍋に入れ、煮立てて冷ます。
2. 玉ねぎはばらけない程度に根元を浅く切り落とし、16等分のくし形切りにする。
   清潔な保存びんに入れ、1を注いで1日以上おく。

*冷蔵庫で2週間保存可能。

玉ねぎ丸ごとオーブン焼き

（ 材料 ）2個分

玉ねぎ 2個／結晶塩（マルドンの塩など）ひとつまみ

EXVオリーブオイル 小さじ1

（ つくり方 ）

1. 玉ねぎは皮つきのまま、ばらけない程度に根元を浅く切り落とす。
   上部から包丁を入れ、深さ2/3まで十字に切り込みを入れる。
   アルミ箔に1個ずつ包む。
2. 190℃に温めたオーブンで1時間ほど焼き、
   仕上げに塩とオリーブオイルをかける。

きのこのホイル焼き

（ 材料 ）2人分

好みのきのこ3種類 計300g／バター 20g／塩 少々
すだち（またはレモン） 1個、しょうゆ 各適量

（ つくり方 ）

1. きのこはそれぞれ石づきを切り落とし、小房に分ける。
   アルミ箔を40cm用意し、中央にきのこを並べ、
   塩をふってバターをのせて包む。
2. 1をオーブントースターで8分焼き、
   仕上げにしょうゆをかけ、すだちをしぼる。

*冷蔵庫で3日間保存可能

きのこのレモンマリネ

（ 材料 ）2人分

きのこソテー（P.46きのこピラフ工程1、2参照） 230g／レモン 1/2個
EXVオリーブオイル 大さじ1

（ つくり方 ）

1. レモンは半量を半月切りにする。残り半量は果汁をしぼる。
2. きのこソテーをレモン汁とオリーブオイルで和える。レモンを添える。

*冷蔵庫で5日間保存可能。

マッシュルームと生ハムのフリット

（ 材料 ）2人分

マッシュルーム 8〜10個／生ハム 2枚／揚げ油 適量

A | 溶き卵 1/4個分／薄力粉 40g／炭酸水 50ml
  | コンソメ（顆粒） 小さじ1/2

（ つくり方 ）

1. マッシュルームは軸を切り落とし、生ハムをちぎってかさに詰める。
   全体に薄く薄力粉（分量外）をまぶす。
2. Aをボウルに混ぜ合わせて1をくぐらせ、
   180℃の油で衣が色づくまで揚げる。

スナップエンドウの春菊ジェノベーゼ和え

(材料) 2人分

スナップエンドウ 150g／春菊ジェノベーゼ(P.16参照) 大さじ3 
粉チーズ、EXVオリーブオイル 各適量

(つくり方)

1. スナップエンドウは筋取りをし、塩ゆでする。
2. ざるに上げて水気をしっかりきり、ペーパータオルに包んで水気をさらにふき取る
3. 2を春菊ジェノベーゼで和え、粉チーズとオリーブオイルをかけてさらに和える。

グリーン野菜のソテー タプナードソース

(材料) 2人分

グリーンアスパラガス、モロッコいんげん 各4本／いんげん 8本／塩 適量
オリーブオイル 大さじ1／EXVオリーブオイル 大さじ3

A ｜ アンチョビフィレ 1/2枚／にんにく 1/2片
　 ｜ グリーンオリーブ、ケイパー 各10粒／きゅうりのピクルス 5本

(つくり方)

1. アスパラガスは根元3cm分を切り落とし、
   固い部分の皮をピーラーでむく。いんげん2種はそれぞれ筋取りをする。
2. フライパンにオリーブオイルを入れ、
   1を中火で焼き色がつくまで焼いて塩をふる。
3. Aをすべてみじん切りにしてEXVオリーブオイルと合わせ、2にかける。

コールスロー

(材料) 2人分

キャベツ、紫玉ねぎ 各1/4個／紫キャベツのスプラウト 適量

A ｜ 水 900ml／塩 小さじ1

B ｜ マヨネーズ 大さじ3／プレーンヨーグルト、レモン汁 各大さじ1／塩、白こしょう 各少々

(つくり方)

1. キャベツは葉と軸に分け、それぞれ千切りにする。玉ねぎは薄切りにする。
2. 混ぜ合わせたAに1を入れてなじませ、しんなりしたら
   ざるに上げて水気をしっかりきり、さらにペーパータオルに少しずつ包んでしぼる。
3. Bをボウルに合わせ、2を和える。根元を切り落としたスプラウトをのせる。

*冷蔵庫で3日間保存可能。

ひよこ豆のスパイス炒め

（ 材料 ）つくりやすい分量

ひよこ豆水煮缶 1缶（240g）／にんにくのみじん切り 1片分
カレー粉 小さじ2／塩 少々／サラダ油 大さじ1

（ つくり方 ）

1. ひよこ豆は水気をよくきる。
2. フライパンにサラダ油とにんにくを入れ、弱火にかける。
香りがたったら、1とカレー粉、塩を入れて炒める。

豆とパセリのサラダ

（ 材料 ）つくりやすい分量

赤いんげん豆の水煮缶 1缶（240g）／レンズ豆の水煮缶 1缶（240g）
大豆水煮缶 1缶（150g）／ドライトマト 5個
紫玉ねぎのみじん切り 1/2個分／パセリのみじん切り 1/2束分

A ｜ レモン汁 1個分／ディジョンマスタード 大さじ2／塩、黒こしょう 各適量
EXVオリーブオイル 大さじ3

（ つくり方 ）

1. 豆類は水分をよくきる。ドライトマトはキッチンバサミで5㎜角に切る。
2. ボウルにAを合わせ、1と玉ねぎ、パセリを加えて混ぜ合わせる。

大豆のファラフェル

（ 材料 ）つくりやすい分量

大豆の水煮 1カップ／香菜 1茎／薄力粉 大さじ3
パプリカパウダー 少々／揚げ油 適量

A ｜ 溶き卵 1/2、コンソメ（顆粒）小さじ11/2
カレー粉 小さじ1/2／パプリカパウダー 少々

B ｜ マヨネーズ、プレーンヨーグルト 各大さじ1

（ つくり方 ）

1. 大豆の水煮は水気をしっかりきる。香菜とともにフードプロセッサーにかけ、
やや粒感が残る程度のペースト状にする。
2. 1にAを加えてさっと混ぜ、ボウルに移して薄力粉を加えて混ぜ、
直径3cm程度に丸める（まとまりにくいようなら薄力粉を少量加える）。
3. 2を170℃の揚げ油で色づくまで揚げ、Bを合わせたソースを添え、仕上げにパプリカパウダーをふりかける。

ツナとディルのクスクスのサラダ

（ 材料 ）つくりやすい分量

クスクス（乾燥） 250g／ツナオイル缶 小1缶（70g）
きゅうりのピクルス 4本／ドライトマト 4枚／ディル 4枝
米酢、EXVオリーブオイル 各大さじ2
ディジョンマスタード、はちみつ 各大さじ1／塩、黒こしょう 各少々

（ つくり方 ）

1. クスクスをボウルに入れ、塩少々を加える。
熱湯250mℓ（分量外）を注いでラップをして4分おき、ほぐす。
2. 別のボールにみじん切りにしたピクルスとディル、キッチンバサミで
5mm角に切ったドライトマト、ツナ（オイルごと）、
残りの材料をすべて入れて混ぜ、さらに1を加えて混ぜる。

ヤムウンセン

（ 材料 ）つくりやすい分量

緑豆春雨 100g／むきえび 6尾（75g）／鶏ひき肉 50g／紫玉ねぎ 1/4個
香菜（根も使う） 1茎／しょうがの薄切り 2枚／赤唐辛子 2本

A ｜ 干しえび 20g／ナンプラー、レモン汁 各大さじ3／砂糖 大さじ1
香菜の葉 適量／塩、こしょう 各少々

（ つくり方 ）

1. 玉ねぎは薄切り、香菜は根を切り分けて、茎と葉の部分はざく切りに、
赤唐辛子はへたを取る。えびは背を開き、背わたがあれば取り除く。
2. 鍋にしょうが、1の香菜の根を入れて湯を沸かし、えび、
ひき肉の順にさっとゆでて取り出す。同じ湯で春雨をゆでて、汁気をきる。
3. ボウルにAを合わせ、1と2を和える。10分ほどおいて味をなじませる。

干ししいたけの炊き込みごはん

（ 材料 ）つくりやすい分量

干ししいたけ（薄切りになったもの） 20g／油揚げ 1枚
なめたけのびん詰め 180g／青ねぎの小口切り 適量／ごま油 大さじ1／米 2合

（ つくり方 ）

1. 油揚げは熱湯をかけて油抜きし、細切りにする。
2. 米を研いで炊飯器に入れ、2合の線まで水（分量外）を注ぐ。
青ねぎ以外の材料をすべて入れ、炊く。仕上げに青ねぎをのせる。

CHICKEN BREAST —— 鶏胸肉

チキンとパプリカの スパイス炒め

(材料) つくりやすい分量

鶏胸肉 1枚／パプリカ(赤、黄) 各1 1/2個／ライム 1/4個
タコスミックス 大さじ1／塩 少々／サラダ油 大さじ1

(つくり方)

1. パプリカは縦1.5cm幅に切る。
   鶏肉は8mm厚さのそぎ切りにし、
   タコスミックスをもみ込んで10分ほどおく。
2. フライパンにサラダ油の半量を熱し、
   1のパプリカを入れて塩をふり、
   中火でさっと炒めて一度取り出す。
3. フライパンに残りのサラダ油を熱し、
   中火で1の鶏肉を炒め、8割がた火が通ったら
   2を戻し入れて鶏肉に火が通るまで炒め、
   ライムを添える。

鶏肉のレモンバターソテー

(材料) つくりやすい分量

鶏胸肉 1枚／塩 小さじ1/4／黒こしょう 少々
オリーブオイル 大さじ1／レモンのくし形切り 2個

A | バター 大さじ1／黒こしょう 少々／レモン汁 大さじ1/2

(つくり方)

1. 鶏肉は厚みのあるところに切り込みを入れて開き、
   厚さを均等にする。両面に塩、こしょうをする。
2. フライパンにオリーブオイルを熱し、
   1を皮を下にして入れる。
   弱めの中火で10分焼き、皮に焼きめをつける。
   9割がた火が通ったら裏面も焼き、一度取り出す。
3. フライパンの汚れをふき取り、
   Aのバターとこしょうを入れて弱めの中火にかける。
   バターから細かい泡が立ちはじめたらレモン汁を加え、
   2にかけてレモンを添える。

ゆで鶏 ピーナツだれ

(材料) つくりやすい分量

鶏胸肉 1枚／塩 小さじ1/4／香菜の葉のざく切り 1茎分

A | しょうがの薄切り 1枚／香菜の根 1茎分
  | 長ねぎの青い部分 1本分

ピーナツだれ : ピーナツバター(チャンクタイプ・有糖)、
水 各大さじ3／三温糖 大さじ1/2／しょうゆ 小さじ2／米酢 小さじ1

(つくり方)

1. 鶏肉に塩をまぶし、10分おく。
   たれの材料を合わせておく。
2. 鍋に1の鶏肉とA、水200mℓ(分量外)を入れて中火にかけ、
   煮立ったら弱めの中火にして5分ゆでる。
   鶏肉を裏返し、さらに4分ゆでる。そのまま鍋の中で冷ます。
3. 2を食べやすく切り、1のたれと香菜を添える。

*ピーナツだれは冷蔵庫で3日間保存可。

CHICKEN THIGH ―― 鶏もも肉

鶏肉のハーブレモンマリネ

（ 材料 ）2人分

鶏もも肉 1枚／塩、黒こしょう 各少々

A | レモン汁 1/4個分／ローズマリー 1枚
にんにくの薄切り 1片分／
白ワイン、オリーブオイル 各大さじ1

（ つくり方 ）

1. 鶏肉に強めに塩、こしょうをしてバットに入れる。
合わせたAをかけ、味がよくなじむように
ラップを密着させてかぶせ、30分おく。
2. 220℃に温めたオーブンに
ラップをはずした1をバットごと入れ、
15分焼く。

チキンと野菜の甘酢あんかけ

（ 材料 ）つくりやすい分量

鶏もも肉 1枚／玉ねぎ 1/2個／ピーマン 4個
片栗粉 大さじ1／サラダ油 大さじ2／白髪ねぎ 1/4本分

A | しょうゆ 小さじ2／しょうがのすりおろし、酒 各小さじ1
にんにくのすりおろし 小さじ1/2

B | 米酢 大さじ5／三温糖 大さじ3／しょうゆ 大さじ1／水 大さじ4

（ つくり方 ）

1. 鶏肉はひと口大に切る。
玉ねぎはくし形切りに、ピーマンは縦1.5cm幅に切る。
2. ポリ袋にAを入れ、1の鶏肉を加え10分ほど漬け込む。
3. フライパンにサラダ油の半量を熱し、1のピーマンと玉ねぎを炒める。
玉ねぎが透き通ったら一度すべて取り出す。
4. 3のフライパンに残りの油を熱し、
2の鶏肉を片栗粉をまぶしてから中火で焼く。
両面焼いて中まで火を通し、
合わせたBと3を加えてからめる。仕上げに白髪ねぎをのせる。

チキンジンジャー

（ 材料 ）2人分

鶏もも肉 1枚／玉ねぎの薄切り 1/4個分
片栗粉、サラダ油 各大さじ1/2

A | 酒 大さじ1/2／塩、黒こしょう 各少々

B | しょうがのすりおろし、しょうゆ 各大さじ2
みりん 大さじ1

（ つくり方 ）

1. 鶏肉はフォークで皮目に数カ所穴をあける。
半分に切り、Aを順にもみ込んで片栗粉をまぶす。
2. フライパンにサラダ油を熱し、
1を皮目を下にして入れ、中火で焼く。
焼き色がついたら裏返し、
Bを加えてふたをして弱火で2分焼く。
3. 2に玉ねぎを加えて炒め、
玉ねぎが透き通ったら強火にして煮からめる。

MINCED CHICKEN ── 鶏ひき肉

コロッケ

（ 材料 ）4個分

鶏そぼろ（P.42参照） 60g／じゃがいも 3個
玉ねぎのみじん切り 1/4個分／サラダ油 適量
三温糖 大さじ1／揚げ油 適量

衣：溶き卵 1個分／薄力粉、パン粉 各適量

（ つくり方 ）

1. じゃがいもはよく洗い、皮つきのままそれぞれラップに包んで電子レンジに9〜10分かける。中心までやわらかくなったら皮をむいてボウルに移し、熱いうちにつぶす。
2. フライパンにサラダ油を熱し、中火で玉ねぎを透明になるまで炒める。
3. 1のボウルに2、鶏そぼろ、三温糖を加えて混ぜ合わせ、4等分に丸める。
4. 3に薄力粉、溶き卵、パン粉の順に衣をつけ、180℃の油で色よく揚げる。

れんこん入りつくね

（ 材料 ）6個分

鶏ひき肉、れんこん 各150g／サラダ油 大さじ1

A ｜ しょうがのすりおろし、鶏がらスープの素（顆粒） 酒 各小さじ1

（ つくり方 ）

1. れんこんは半量をすりおろす。半量は7mm角に切り、10分水にさらしてからよく水気をきる
2. ボウルにひき肉と1、Aを入れて粘りが出るまでよく混ぜ、6等分して丸める。
3. フライパンに油を熱し、2のつくねを弱めの中火で両面焼いて中まで火を通し、塩（分量外）をふる。

じゃがいものそぼろ煮

（ 材料 ）つくりやすい分量

新じゃがいも 500g／鶏ひき肉 100g／三温糖 大さじ3
しょうゆ 大さじ2／水溶き片栗粉（片栗粉 大さじ1＋水大さじ3）

（ つくり方 ）

1. じゃがいもはよく洗い、皮ごと半分に切る。
2. 鍋に1を入れ、ひき肉と水400mℓ（分量外）を加えて中火にかける。
ひき肉をほぐしながら火を通し、煮立ったらアクを取り除いて落としぶたをして10分ほど煮る。
3. 2に三温糖を加え、さらに5分、落としぶたをして煮る。
しょうゆを加え、さらに5分煮る。
水溶き片栗粉を回し入れてひと煮立ちさせ、とろみをつける。

CHICKEN FILLET ── 鶏ささ身

ささ身のごま焼き

（ 材料 ）2人分

ささ身 4本／卵白 1/2個分
黒いりごま、白いりごま 各大さじ1
薄力粉、塩 各少々／ごま油 小さじ1

（ つくり方 ）

1. ささ身に塩をふり、薄力粉を薄くまぶす。
2. 溶きほぐした卵白に1をくぐらせ、
全体にごまをまぶす。
3. フライパンにごま油を熱し、
中火で2を両面合わせて5分焼く。

ささ身バンバンジー

（ 材料 ）2人分

ささ身 4本／きゅうり 2本／酒 大さじ2／塩 少々

A
白すりごま 大さじ2／しょうがのすりおろし、
豆板醤、ごま油 各小さじ1
にんにくのすりおろし 小さじ1/2
三温糖、酢、しょうゆ 各大さじ1

（ つくり方 ）

1. ささ身は身の厚い部分に数カ所浅く切り込みを入れ、
開くようにして全体の厚みを均一にする。
酒、塩をふり、耐熱皿に入れてラップをし、
電子レンジで4分加熱する、冷めたら手で細くさく。
2. きゅうりは長さを4等分に切ってから千切りにする。
3. Aを混ぜ合わせ、1と2にかける。

ささ身ときゅうりの塩炒め

（ 材料 ）2人分

ささ身 4本／きゅうり 2本／鶏がらスープの素（顆粒）小さじ2
片栗粉 小さじ1／酒 大さじ1／塩、白こしょう 各少々／ごま油 大さじ2

（ つくり方 ）

1. きゅうりの皮をピーラーでむき、
縦半分に切ってから8㎜の斜め切りにする。
ささ身もきゅうりのサイズに合わせて斜め切りにし、
塩、こしょうをして片栗粉をまぶす。
2. フライパンにごま油の半量を熱し、きゅうりを入れる。
鶏がらスープの素を半量ふり入れ、
中火で食感が残る程度まで炒めて一度取り出す。
3. 2のフライパンに残りのごま油を熱する。
1のささ身を入れ、残りの鶏がらスープの素と酒をふり入れて
中火で炒め、火が通ったら2のきゅうりを戻し入れて炒め合わせる。

SALMON ── サーモン

塩ざけの大根ガリのせ

（ 材料 ）2人分

塩ざけの切り身 2枚／酒 小さじ2／しょうゆ 好みで

A | 大根おろし、ガリ（新しょうがの甘酢漬け）の粗みじん切り 各適量

（ つくり方 ）

1. 塩ざけに酒をふり、3分ほどおく。
 魚焼きグリルで焼き、中まで火を通す。
2. 1に3:1の割合で合わせたAをのせ、
 好みでしょうゆをかける。

サーモンフライ らっきょうタルタルソース

（ 材料 ）2人分

生ざけ切り身 2枚／塩、黒こしょう 各少々
揚げ油 適量

衣 ： 溶き卵 1個分／薄力粉、パン粉 各適量

A | ゆで卵のみじん切り 2個分
らっきょうのみじん切り 10粒分
パセリのみじん切り、塩 各少々
マヨネーズ 大さじ4

（ つくり方 ）

1. Aをすべて混ぜ合わせる。
2. 大きめのひと口大に切ったさけに塩、こしょうをふり、
 薄力粉、溶き卵、パン粉の順に衣をつける。
3. 180℃の揚げ油で2を薄く色づくまで揚げ、
 上下を返してさらに3分ほど揚げる。1を添える。

サーモンのハーブ&スパイス焼き

（ 材料 ）2人分

生ざけ切り身 2枚／塩、黒こしょう 各適量／白ワイン、
オリーブオイル 各大さじ1

A | ローズマリー 1枝／タイム2枝／ローリエ 2枚
コリアンダーシード 小さじ1／マスタードシード 小さじ 1/2
にんにくの薄切り 1片分

（ つくり方 ）

1. バットにオーブンシートを敷き、さけを並べて塩、
 こしょうをしてAをのせる。
2. 1に白ワインとオリーブオイルをかけ、
 220° Cに温めたオーブンで10分焼く。

SARDINES & SHRIMP —— いわし&えび

えびの香草パン粉焼き

（ 材料 ）2人分

むきえび 8尾／バター 10g／オリーブオイル 大さじ1/2
粉チーズ 適量／黒こしょう 少々／レモン 1/8個

A
- オリーブオイル 大さじ1
- にんにくのみじん切り 小さじ1/2／パン粉 1/2カップ
- パセリのみじん切り 大さじ1
- ローズマリーのみじん切り、塩 各少々

（ つくり方 ）

1. フライパンにAのオリーブオイルとにんにくを入れ、弱火にかける。香りがたったら、残りのAを加えて炒める。パン粉が色づいたらこしょうをふり、粉チーズを混ぜ、取り出して冷ます。
2. フライパンにバターとオリーブオイルを熱し、えびを入れて強火でへらで押さえながら焼く。軽く焼きめがついたら裏面も焼き、火を通す。
3. 2に1をかけてレモンを添える。

いわしのソテー

（ 材料 ）2人分

いわし（開いたもの） 4枚／塩、黒こしょう、薄力粉 各少々
オリーブオイル 大さじ1

A
- グリーンミニトマトのみじん切り 4個分
- ピーマンのみじん切り 1個分／パプリカ（黄）のみじん切り 1/2個分
- 紫玉ねぎのみじん切り 1/4個分
- きゅうりのピクルスのみじん切り 2本分
- 塩、ハラペーニョのみじん切り（またはペッパーソース） 各適量

（ つくり方 ）

1. 水気をふき取ったいわしに、塩、こしょうをする。全体に薄力粉をまぶす。
2. フライパンにオリーブオイルを熱し、1を皮目を下にして入れ、中火で両面焼いて中まで火を通す。
3. Aを混ぜ合わせる。
4. 2に3をかける。

ブロッコリーのアンチョビ炒め

（ 材料 ）作りやすい分量

ブロッコリー 1株／アンチョビフィレのみじん切り 20g
にんにくのみじん切り 1片分／赤唐辛子 1本／黒こしょう 少々
オリーブオイル 大さじ1

（ つくり方 ）

1. ブロッコリーは小房に分け、耐熱皿に入れて水大さじ1/2（分量外）をふりかける。ラップをして電子レンジで1分30秒加熱する。
2. フライパンにオリーブオイルとにんにくを入れて弱火にかけ、香りがたったら赤唐辛子、アンチョビを加えて炒める。1を加えて全体をざっと炒め合わせ、こしょうをふる。

カオマンガイと彩りおかずの取り分けBOX弁当

MENU

1. カオマンガイ
2. 厚揚げの肉みそ香菜のせ
3. さつまいものフライ サワークリームチリソース
4. にんじんソムタム

↓ P.62

エスニック好きが集まったら、こんな彩りBOXを。チキンのおいしさを炊き込んだカオマンガイ、ナンプラー香るソムタム、甘酸っぱいソースを添えたさつまいものフライ。つまんでいるうちに、いつかの旅の記憶が鮮やかによみがえります。和食イメージの厚揚げは、肉みそにコチュジャンと豆板醤をミックス。香菜をたっぷり添えれば、不思議と異国の香りです。

カオマンガイ

(材料) 2合分

ゆで鶏 : 鶏もも肉 2枚/塩 小さじ 1/2
ジャスミンライス(なければ普通の米) 2合/香菜 2茎/サラダ油 大さじ2

A | しょうがの薄切り 2枚/香菜の根 2茎分/長ねぎの青い部分 1本分

(つくり方)

1. 鶏肉に塩をまぶし、10分おく。
2. 鍋に 1とA、鶏肉がかぶる程度の水(分量外)を入れて中火にかけ、
煮立ったら弱めの中火にして5分ゆでる。
鶏肉を裏返し、さらに4分ゆでる。そのまま鍋の中で冷ます。
3. フライパンにサラダ油を入れ、ジャスミンライスを炒める。
全体に油が回ったら、炊飯器に移し、2のゆで汁を注ぐ。
水分が2合の線まで足りないようなら、水を足して炊く。
4. 2のゆで鶏を食べやすく切り、3とともにボックスに入れ、
ざく切りにした香菜を添える。
食べる直前に好みのたれをかける。

ナンプラーだれ

(材料) つくりやすい分量

ナンプラー 大さじ3/しょうゆ 大さじ 1
レモン汁 小さじ 1/しょうがのすりおろし 少々

(つくり方)

材料をすべて混ぜる。

スイートチリだれ

(材料) つくりやすい分量

スイートチリソース 大さじ3
ライムのしぼり汁 大さじ 1
しょうがのすりおろし 小さじ 1/2

(つくり方)

材料をすべて混ぜる。

4. にんじんソムタムのレシピは —— P.62

さつまいものフライ サワークリームチリソース

（ 材料 ）つくりやすい分量

さつまいも（あれば紫いも） 2本／塩 ひとつまみ／揚げ油 適量
サワークリーム 90mℓ／スイートチリソース 適量

（ つくり方 ）

1. さつまいもは皮をむき、乱切りにする。10分ほど水にさらし、ざるに上げて水気をペーパータオルなどでよくふき取る。
2. 160℃に熱した揚げ油で 1を5分ほど揚げて引き上げる。
3. 油の温度を180℃に上げ、2を入れて二度揚げにする。塩をふり、サワークリームをのせてスイートチリソースをかける。

厚揚げの肉みそ香菜のせ

（ 材料 ）つくりやすい分量

厚揚げ 2枚／鶏ひき肉 200g／にんにく、しょうがのみじん切り 各 1片
ごま油 大さじ2／香菜の粗みじん切り、ラー油 各適量

A ｜ コチュジャン 大さじ3／豆板醤 小さじ 1

（ つくり方 ）

1. フライパンにごま油の半量を熱し、食べやすい大きさに切った厚揚げを中火で両面こんがりと焼いて一度取り出す。
2. フライパンに残りの油を熱し、にんにくとしょうがを入れる。弱火にかけ、香りがたったらひき肉を加えて中火で焼きつけるように炒め、肉に火が通ったらAを加えて全体にからめる。
3. 2に香菜をのせ、ラー油をかける。1とともにボックスにつめる。

うわさの絶品スコーン&ホームパーティBOX FOOD

MENU

1. プレーンスコーン

2. とうもろこしの炊き込みごはん

3. チキンとパプリカのスパイス炒め ↓ P.71

4. マッシュルームと生ハムのフリット ↓ P.66

5. かぼちゃとベーコンのビネガーサラダ

6. コールスロー ↓ P.67

「あれをもう一度食べたい!」と、リクエストが多いスコーン。ほんのり甘めの味つけはクロテッドクリームをつければおやつ感覚。なのに、炒めものなどのおかずとも好相性。ベビーコーンを使った炊き込みごはんも、そのユニークなルックスと食感が新鮮で、ファンが多いメニューです。

プレーンスコーン

（ 材料 ）6個分

バター（食塩不使用） 80g／生クリーム、クロテッドクリーム、
ゴールデンシロップ 各適量

A	薄力粉 250g／ベーキングパウダー 大さじ 1 三温糖 30g／塩 ひとつまみ
B	溶き卵 1個分／牛乳 70mℓ

（ つくり方 ）

1. バターは室温に戻す。
Aをすべて合わせてふるう。
Bは混ぜ合わせる。

2. Aにバターを加え、手でこすり合わせるようにして
そぼろ状にし、Bを加えて
ひとつにまとまる程度まで軽くこねる。

3. 2.5cm厚さに生地を伸ばし、
直径5cm程度の型で抜く。
刷《は》毛《け》で表面に生クリームを塗り、
180℃に温めたオーブンで20分焼く。
クロテッドクリームとゴールデンシロップを添える。

3. チキンとパプリカのスパイス炒めは —— P.70
4. マッシュルームと生ハムのフリットは —— P.66
6. コールスローは —— P.67

かぼちゃとベーコンのビネガーサラダ

（ 材料 ）つくりやすい分量

かぼちゃ　1/4個／ベーコン 4枚／米酢 大さじ3
塩、黒こしょう 各少々／オリーブオイル 大さじ 1

（ つくり方 ）

1. かぼちゃは3等分に切ってから 1cm厚さに切る。
   耐熱容器に水大さじ3（分量外）を入れ、
   ラップをして電子レンジに3分かける。
2. ベーコンはそれぞれ4等分に切る。
3. フライパンにオリーブオイルを熱し、弱火でベーコンに
   焼き色がつくまで焼き、取り出す。
4. 同じフライパンに 1を入れて、塩、こしょうをして、焼き色がつくまで
   中火で焼く。3を戻し入れ、酢を加えて強火にし、
   全体を混ぜ合わせる。

RECIPE 5. of the BOX FOOD

RECIPE 2. of the BOX FOOD

とうもろこしの炊き込みごはん

（ 材料 ）2合分

とうもろこし　1本／ベビーコーン 5〜6本／米 2合／黒こしょう 少々

A　｜酒 大さじ 1／塩 小さじ 1

（ つくり方 ）

1. 米を研いで炊飯器に入れ、2合の線まで水を注ぎ、
   Aを加えて混ぜる。
2. とうもろこしの実を包丁でそぎ落として 1に加え、
   さらに長さ半分に切ったとうもろこしの軸と
   縦半分に切ったベビーコーンを入れて炊く。
3. 炊き上がったらこしょうをふる。

きんぴらサンド&ヘルシーデリのピクニックBOX FOOD

MENU

1. きんぴらごぼうのサンドイッチ
2. サーモンのハーブ&スパイス焼き ↓ P.74
3. グリーン野菜のソテー タプナードソース ↓ P.67
4. だしオムレツ 大根おろしのせ
5. 大豆のファラフェル ↓ P.68
6. キャロットオレンジラペ ↓ P.63
7. チキンソテーとフレッシュマッシュルームのサラダ

〝きんぴらサンド〟としましたが、本当はBOX内のどのおかずをはさんでもいいのです。このBOX、目を引くのはきっとオムレツ。ただ、赤い大根を使っただけですが、こんな小さなアイデアがひらめいたとき、心から「料理って楽しい」と思えます。

RECIPE 1. of the BOX FOOD

きんぴらごぼうの
サンドイッチ

（ 材料 ）つくりやすい分量

ごぼう 2本／赤唐辛子 2本
三温糖、白だし 各大さじ3／ごま油 大さじ 1
好みのパン、サニーレタス、塩、マヨネーズ 各適量

（ つくり方 ）

1. ごぼうは大きめのささがきにする。
たっぷりの水に 10分ほどつけ、
ざるに上げて水気をきる。

2. フライパンにごま油と種を抜いた赤唐辛子を入れ、
辛みを引き出すように弱火にかける。
1を加え、焼き色がつくまで
弱めの中火でじっくり焼く。
三温糖を加え、溶けたら白だしを入れて
強火にして全体にからめる。

3. 好みのパンにマヨネーズを塗り、
サニーレタスと塩少々、2のきんぴらをはさむ。

2. サーモンのハーブ&スパイス焼きは —— P.74
3. グリーン野菜のソテー グリーンタプナードソースは —— P.67
5. 大豆のファラフェルは —— P.68
6. キャロットオレンジラペは —— P.63

チキンソテーと
フレッシュマッシュルームのサラダ

（ 材料 ）2人分

鶏もも肉　1枚／マッシュルーム 2パック（200g）／レモン　1/2個
イタリアンパセリのみじん切り 適量／塩 小さじ 1/4／黒こしょう 少々
EXVオリーブオイル 大さじ2

（ つくり方 ）

1. 鶏肉に塩、こしょうをする。マッシュルームは薄切りにする。
2. フライパンにオリーブオイルを熱し、鶏肉を皮目から中火で焼く。
皮がパリッとしたら裏返し、中まで火を通す。
3. ボウルに1のマッシュルーム、ひと口大に切った2、
フライパンに残った肉汁、レモンをしぼり入れて混ぜ合わせ、
パセリをふる。

だしオムレツ 大根おろしのせ

（ 材料 ）つくりやすい分量

A ｜ 溶き卵 6個分／白だし 小さじ4／水 大さじ4
サラダ油 大さじ 1／大根おろし（あれば紅芯大根など）、しょうゆ 各適量

（ つくり方 ）

1. 直径20cmほどのフライパンにサラダ油を入れて強火で熱し、
よく混ぜ合わせたAを流し入れる。周りが固まりだしたら
菜箸で大きくかき混ぜながら弱火で火を入れる。
2. 8割ほど火が通ったら、フライパンに大皿をあて、
ひっくり返すようにして取り出す。
フライパンに戻し、裏面も焼き色がつくまで焼く。
大根おろしとしょうゆを添える。

BOX FOOD_12

絶品コーンミール&
簡単ペースト

コーンミールのいいところ。それは、発酵要らずで思いたってから味わうまでの時間が短いところ。焼きたてをほおばれば、コーンの甘い香りが、口いっぱいに広がります。ずっしり食べ応えがあるので、2つも食べればおなかも満足。焼き上がりを冷凍すれば、1ヶ月はおいしく食べられます。手軽につくれる自家製ペーストは、コーンミールはもちろん、お好みのパンにも。時間のない朝にはパンと一緒にワックスペーパーに包めば簡単なお弁当に！

コーンミールブレッド

（ 材料 ）約25×20×3.5cm のバット 1台分

A | コーンミール、薄力粉 各 120g
ベーキングパウダー 小さじ2／塩 小さじ 1/2

B | サラダ油、三温糖 各60g／卵 2個

牛乳 200mℓ

（ つくり方 ）

1. Aを合わせてふるっておく。
2. ボウルにBを泡立て器で混ぜ合わせる。Aと牛乳を加え、へらに持ち替えてなめらかになるまで混ぜる。
3. バットにオーブンシートを敷き、2を流し入れる。3cm高さから落として空気を抜き、180℃に温めたオーブンで30分焼く。

フムス

（ 材料 ）つくりやすい分量

ひよこ豆水煮缶 1缶（400g）

A | ピーナツバター（チャンクタイプ・有糖）、
レモン汁、EXVオリーブオイル 各大さじ2
にんにく 1/2片
パプリカパウダー、塩、白こしょう 各少々

（ つくり方 ）

1. ひよこ豆水煮をざるに上げ、豆と缶汁に分ける。
2. フードプロセッサーに1の豆とAを入れて攪拌し、ペースト状にする。途中、水分が足りないようなら1の缶汁を少しずつ加える。味をみて、足りないようなら塩、こしょう（各分量外）でととのえ、仕上げにオリーブオイルとパプリカパウダー（各分量外）をかける。

発酵バターにドライフルーツ&ナッツ

（ 材料 ）つくりやすい分量

発酵バター 60g／好みのドライフルーツ、ナッツ 20g

（ つくり方 ）

バターを常温に戻してやわらかくし、ドライフルーツとナッツを混ぜる。

コンビーフ&クリームチーズ

（ 材料 ）つくりやすい分量

コンビーフ、クリームチーズ 各50g／黒こしょう 少々

（ つくり方 ）

コンビーフとクリームチーズを混ぜ、こしょうをふる。

FAVORITE TOOL | 美奈子さん愛用の道具たち

右から「ICEL TECNIK」と「グローバル」のペティナイフ、「WILLIAM WHITELEY」のキッチンバサミ、「リッター」のピーラー。「シンプルなデザインのツールは衛生的に保てます」。

まな板は大小サイズをそろえて。木製まな板は1枚ずつ手仕事でつくられる「NUSHISA」のもの。「EAトCO」の黒い樹脂製まな板は、「刃の当たりがやわらかく、使いやすいんです」。

ケータリング気分になれる、クラフト紙のランチBOX。「お弁当箱なら、おかずの色が映えるスチールや琺瑯、白一色などがおすすめ」。

いつでもカラフルな食材が主役だから、調理道具はそれを引き立てるシンプルなモノトーン。
ケータリングの大量オーダーもなんのその。信頼しているのは、ちょっと無骨でどこまでも丈夫な道具です。

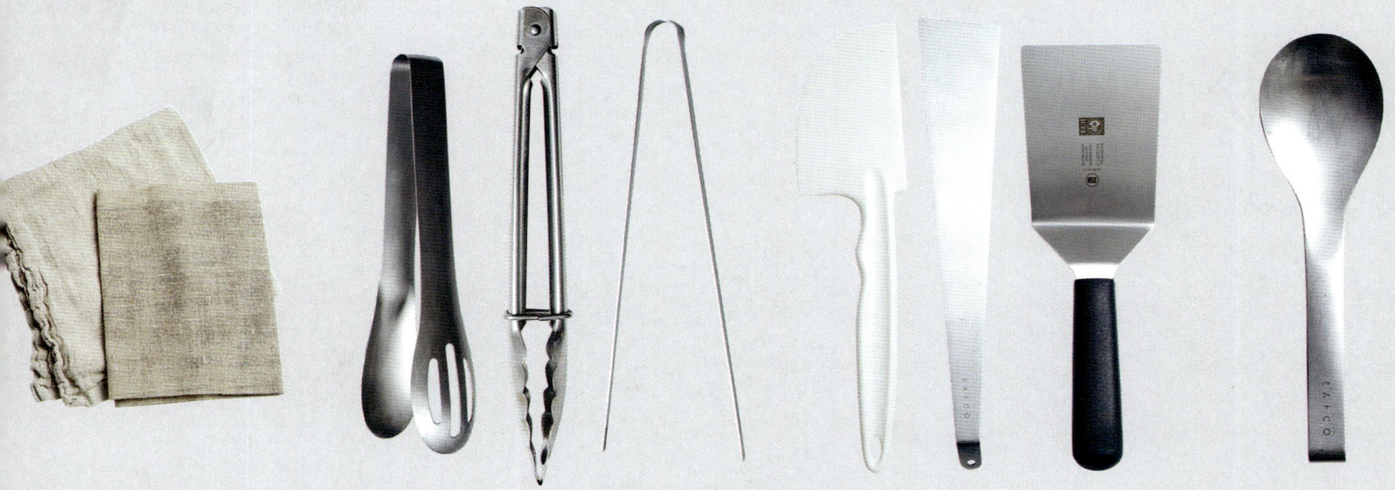

東京・千駄ヶ谷の「LABOUR AND WAIT TOKYO」で購入したリネン100%のクロス。手前は新品、奥は実際に使い込んだもの。

菜箸よりトング派。両端は「EAトCO」のもの。右の細めタイプは、指の延長線上の感覚で使えるお気に入り。中央は「工房アイザワ」のもの。「定番中の定番ですが、やはり使いやすいです」。

ヘラは熱さに強いステンレス。薄めでよくしなるものが使いやすい。右から「ICEL TECNIK」、「EAトCO」。グリップが持ちやすく工夫されているスパチュラは「クイジナート」。

取り分けにも調理にも使える「EAトCO」のサービングスプーン。柄の先がフック状になので、大きな鍋のふちに掛けられるのも便利。

にんじんしりしり — 41
ツナと野菜のラグーパスタ — 52
ツナとディルのクスクスのサラダ — 69

【野菜・果物】
・青ねぎ
ねぎチヂミ — 23
玉ねぎとじゃこのかき揚げ — 65

・アボカド
アボカドのごま和え — 35
山いもアボカド — 42
アボカドとえびのグラタン — 53
アボカドオムレツ — 58

・いんげん
厚揚げといんげんの煮物 — 41
にんじんソムタム — 62
グリーン野菜のソテー タプナードソース — 67
豆とパセリのサラダ — 68

・大葉
ポテトロースト — 47

・オレンジ
キャロットオレンジラペ — 63

・かぼちゃ
かぼちゃの塩麹煮 — 29
塩麹かぼちゃバター — 30
塩麹かぼちゃコロッケ — 30
かぼちゃの塩麹グラタン — 30
かぼちゃとナッツ＆レーズンの白和え — 59
かぼちゃとベーコンのビネガーサラダ — 83

・キャベツ
キャベツのレモンクミンサラダ — 59

厚揚げの肉みそ香菜のせ — 79

【肉加工品】
スパムおにぎり — 18
野菜のラグーとソーセージのスープ — 36
フライドオニオンとソーセージの混ぜごはん — 60
かぼちゃとベーコンのビネガーサラダ — 83
チキンミートローフ — 52
マッシュルームと生ハムのフリット — 66
コンビーフ＆クリームチーズ — 88

【魚、魚介】
・いわし
アンチョビポテトサラダ — 28
ブロッコリーのアンチョビ炒め — 75
いわしのソテー — 75

・さけ
サーモンとハーブの混ぜごはん — 58
サーモンのハーブ＆スパイス焼き — 74
サーモンフライ　らっきょうタルタルソース — 74
塩ざけの大根ガリのせ — 74

・ちりめんじゃこ
玉ねぎとじゃこのかき揚げ — 65

・えび
えびと野菜のライムクリームペンネ — 36
アボカドとえびのグラタン — 53
ヤムウンセン — 69
えびの香草パン粉焼き — 75

・ぶり
ぶりの照り焼き — 40

【魚加工品】
・ツナ

【肉】
・鶏肉
鶏の唐揚げ — 28
タンドリーチキン — 34
チキンソテー マーマレードソース — 46
ゆで鶏 ピーナツだれ — 70
鶏肉のレモンバターソテー — 70
チキンとパプリカのスパイス炒め — 70
チキンジンジャー — 71
チキンと野菜の甘酢あんかけ — 71
鶏肉のハーブレモンマリネ — 71
ささ身ときゅうりの塩炒め — 73
ささ身バンバンジー — 73
ささ身のごま焼き — 73
カオマンガイ — 78
チキンソテーとフレッシュマッシュルームのサラダ — 87

・豚肉
豚ばらのピリ辛炒め — 22
肉巻きおにぎり — 48

・ひき肉
豆腐チキンハンバーグ — 14
チキンと野菜のドライカレー — 34
鶏そぼろ — 42
チキンミートローフ — 52
ミートソースペンネ — 54
ヤムウンセン — 69
じゃがいものそぼろ煮 — 72
れんこん入りつくね — 72
コロッケ — 72

BOX FOOD 食材別 INDEX

・たまねぎ
トマトソース — 16
みじん切りベジ炒め — 36
ベジ炒め — 36
夏野菜のティアン — 60
玉ねぎとじゃこのかき揚げ — 65
玉ねぎ丸ごとオーブン焼き — 65
紫玉ねぎのピクルス — 65
コールスロー — 67
豆とパセリのサラダ — 68
ヤムウンセン — 69
チキンジンジャー — 71
チキンと野菜の甘酢あんかけ — 71
コロッケ — 72
サーモンフライ らっきょうタルタルソース — 74

・とうもろこし（水煮缶含む）
コーンたっぷりオムレツ — 29
とうもろこしの炊き込みごはん — 83

・トマト（水煮缶・ドライ含む）
トマトソース — 16
トマトと卵の炒めもの — 23
チキンと野菜のドライカレー — 34
ラタトゥイユ — 36
パセリとドライトマトのオムレツ — 47
ミニトマトのピクルス — 47
夏野菜の焼き浸し — 48
チキンミートローフ — 52
トマトのハーブソテー — 53
夏野菜のティアン — 60
にんじんソムタム — 62
ツナとディルのクスクスのサラダ — 69
サーモンフライ らっきょうタルタルソース — 74

・ししとう
ししとうの素揚げ 結晶塩がけ — 14

・じゃがいも
マッシュポテト — 15
ポテトサラダ — 18
アンチョビポテトサラダ — 28
ポテトロースト — 47
じゃがいものオムレツ — 64
じゃがいももち — 64
じゃがいものそぼろ煮 — 72
コロッケ — 72

・しょうが
チキンジンジャー — 71
しょうがの炊き込みごはん — 28
塩ざけの大根ガリのせ — 74

・春菊
春菊ジェノベーゼ — 16
ビビンバ — 22
キンパ — 24

・ズッキーニ
ベジ炒め — 36
夏野菜のティアン — 60

・スナップエンドウ
スナップエンドウの春菊ジェノベーゼ和え — 67

・セロリ
トマトソース — 16
みじん切りベジ炒め — 36

・大根
塩ざけの大根ガリのせ — 74
だしオムレツ 大根おろしのせ — 87

コールスロー — 67

・きゅうり
きゅうりのディルヨーグルトサラダ — 35
香味野菜のだしごはん — 40
ツナとディルのクスクスのサラダ — 69
ささ身ときゅうりの塩炒め — 73
ささ身バンバンジー — 73
サーモンフライ らっきょうタルタルソース — 74

・グリーンアスパラガス
グリーン野菜のソテータプナードソース — 67

・グリーンピース
豆ごはん — 14

・香菜
にんじんソムタム — 62
大豆のファラフェル — 68
ヤムウンセン — 69
ゆで鶏 ピーナツだれ — 70
カオマンガイ — 78
厚揚げの肉みそ香菜のせ — 79

・ごぼう
ごぼうの唐揚げ — 15
きんぴらごぼうのサンドイッチ — 86

・小松菜
小松菜のおひたし — 29

・さつまいも
さつまいものサラダ ハニーマスタードオニオン — 53
さつまいもの大学いも風 — 64
さつまいものフライ サワークリームチリソース — 79

・なす
ベジ炒め 36
香味野菜のだしごはん 40
厚揚げとなすのソテーしょうがだれ 59
夏野菜のティアン 60

・にんじん
ビビンバ 22
キンパ 24
にんじんのクミンソテー 35
みじん切りベジ炒め 36
にんじんしりしり 41
フライドキャロット 62
にんじんソムタム 62
キャロットオレンジラペ 63
にんじんの炊き込みごはん 63
にんじんきんぴら 63

・パセリ
パセリとドライトマトのオムレツ 47
豆とパセリのサラダ 68

・パプリカ・ピーマン
ビビンバ 22
キンパ 24
みじん切りベジ炒め 36
ベジ炒め 36
チキンとパプリカのスパイス炒め 70
チキンと野菜の甘酢あんかけ 71
サーモンフライ らっきょうタルタルソース 74

・ブロッコリー
みじん切りベジ炒め 36
ブロッコリーのピカタ 41
ブロッコリーのアンチョビ炒め 75

・モロッコいんげん
グリーン野菜のソテータプナードソース 67

・山いも
山いもアボカド 42

・ヤングコーン
とうもろこしの炊き込みごはん 83

・レモン
きのこのレモンマリネ 66
チキンとパプリカのスパイス炒め 70
鶏肉のハーブレモンマリネ 71

・れんこん
れんこん入りつくね 72

【ハーブ】
・クミン
キャベツのレモンクミンサラダ 59

・タイム
トマトのハーブソテー 53
サーモンのハーブ&スパイス焼き 74

・ディル
サーモンとハーブの混ぜごはん 58
ツナとディルのクスクスのサラダ 69

・ローズマリー
鶏肉のハーブレモンマリネ 71
サーモンのハーブ&スパイス焼き 74

・ローリエ
サーモンのハーブ&スパイス焼き 74

【きのこ】
みじん切りベジ炒め 36
きのこピラフ 46
マッシュルームクリームソースのコンキリエ 54
きのこのバルサミコソテー 58
マッシュルームと生ハムのフリット 66
きのこのレモンマリネ 66
きのこのホイル焼き 66
チキンソテーとフレッシュマッシュルームのサラダ 87

【卵】
甘酢煮卵 15
スパムおにぎり 18
煮卵五香粉サンドイッチ 18
ポテトサラダ 18
トマトと卵の炒めもの 23
キンパ 24
コーンたっぷりオムレツ 29
ブロッコリーのピカタ 41
パセリとドライトマトのオムレツ 47
アボカドオムレツ 58
じゃがいものオムレツ 64
プレーンスコーン 82
だしオムレツ 大根おろしのせ 87

【乳製品】
・チーズ
塩麹かぼちゃコロッケ 30
かぼちゃの塩麹グラタン 30
チーズおかか 42
アボカドとえびのグラタン 53
夏野菜のティアン 60
コンビーフ&クリームチーズ 88

・生クリーム
マッシュポテト 15
生クリームソース 16
じゃがいものオムレツ 64

さつまいものサラダ ハニーマスタードオニオン ― 53
フライドオニオンとソーセージの混ぜごはん ― 60

・のり
ビビンバ ― 22
キンパ ― 24

・干しエビ
にんじんソムタム ― 62
ヤムウンセン ― 69

・干ししいたけ
干ししいたけの炊き込みごはん ― 69

・レーズン
かぼちゃとナッツ＆レーズンの白和え ― 59

【 米 】
豆ごはん ― 14
スパムおにぎり ― 18
ビビンバ ― 22
キンパ ― 24
しょうがの炊き込みごはん ― 28
香味野菜のだしごはん ― 40
肉巻きおにぎり ― 48
かつお節＆ごまtまみれおにぎり ― 48
フライドオニオンとソーセージの混ぜごはん ― 60
にんじんの炊き込みごはん ― 63
干ししいたけの炊き込みごはん ― 69
とうもろこしの炊き込みごはん ― 83
カオマンガイ ― 78

【 パン 】
煮卵五香粉サンドイッチ ― 18
きんぴらごぼうのサンドイッチ ― 86

かぼちゃとナッツ＆レーズンの白和え ― 59
ドライカレーのトッピング ― 60
発酵バターにドライフルーツ＆ナッツ ― 88

【 乾物・海藻 】
・オレンジマーマレード
チキンソテー マーマレードソース ― 46

・かつお節
かつお節＆ごままみれおにぎり ― 48

・いりごま
かつお節＆ごままみれおにぎり ― 48
ささ身のごま焼き ― 73

・クスクス
ツナとディルのクスクスのサラダ ― 69

・ドライフルーツ
ドライカレーのトッピング ― 60
発酵バターにドライフルーツ＆ナッツ ― 88

・春雨
ヤムウンセン ― 69

・パスタ
えびと野菜のライムクリームペンネ ― 36
ツナと野菜のラグーパスタ ― 52
マッシュルームクリームソースのコンキリエ ― 54
ミートソースペンネ ― 54
ジェノベーゼファルファーレ ― 54

・なめたけのびん詰め
干ししいたけの炊き込みごはん ― 69

・フライドオニオン
塩麹かぼちゃコロッケ ― 30

・サワークリーム
さつまいものフライ サワークリームチリソース ― 79

・ヨーグルト
タンドリーチキン ― 34
きゅうりのディルヨーグルトサラダ ― 35

【 豆腐、豆腐製品 】
・厚揚げ
厚揚げといんげんの煮物 ― 41
厚揚げとなすのソテーしょうがだれ ― 59
厚揚げの肉みそ香菜のせ ― 79

・油揚げ
干ししいたけの炊き込みごはん ― 69

・豆腐
豆腐チキンハンバーグ ― 14
かぼちゃとナッツ＆レーズンの白和え ― 59

【 豆 】
・赤いんげん・レンズ豆
豆とパセリのサラダ ― 68

・大豆
豆とパセリのサラダ ― 68
大豆のファラフェル ― 68

・ひよこ豆
ひよこ豆のスパイス炒め ― 68
フムス ― 88

・ピーナッツ
にんじんソムタム ― 62

・ミックスナッツ
塩麹かぼちゃコロッケ ― 30

※ みじん切りベジ炒め(P.36)、ベジ炒め(P.36)、生クリームソース(P.16)、春菊ジェノベーゼ(P.16)、トマトソース(P.16)を使用のメニューはそれぞれの項目を参照

田中美奈子
minako tanaka

料理家 カフェディレクター。
DEAN&DELUCAカフェマネージャー、ドリンクメニュー開発後に独立。
東京・北参道にあったカフェレストラン『LIFE kitasando』オーナーシェフとバリスタを経て、
カフェ店舗商品開発やコンサルティング、フードコーディネートなどを手がける。
人気女性誌やアパレルブランドなどの撮影現場のロケ弁、ケータリングでは、旬の野菜を中心とした料理が好評。
著書に『タピオカミルクティー フルーツティードリンク』(片倉康博共著/旭屋出版)がある。

http://life-kitasando.com/

撮影	田村昌裕(FREAKS)
スタイリング	荻野玲子
取材・文	福山雅美
ブックデザイン	直井忠英、永田理沙子(ナオイデザイン室)
校閲	みね工房
編集	鈴木理恵(TRYOUT)
	加藤風花(文化出版局)

野菜たっぷり! いつもの食材で、新しいお弁当。

ケータリング気分の Box Food

2020年 5月 31日　第1刷発行

著者　田中美奈子
発行者　濱田勝宏
発行所　学校法人文化学園 文化出版局
〒151-8524 東京都渋谷区代々木 3-22-1
電話 03-3299-2488(編集)　03-3299-2540(営業)
印刷・製本所　株式会社文化カラー印刷

文化出版局のホームページ http://books.bunka.ac.jp/